教育部人文社会科学重点研究基地四川大学南亚研究所

南亚国别热点研究丛书

印度军工发展研究

王俭平　张超哲　戴永红　瞿　萍◎著

国际文化出版公司

·北京·

图书在版编目（CIP）数据

印度军工发展研究 ／ 王俭平等著 . -- 北京 ：国际
文化出版公司，2022.12
ISBN 978-7-5125-1456-0

Ⅰ．①印… Ⅱ．①王… Ⅲ．①军事工业－工业发展－
研究－印度 Ⅳ．① F435.164

中国版本图书馆 CIP 数据核字 (2022) 第 166257 号

印度军工发展研究

作　者	王俭平　张超哲　戴永红　瞿　萍	
统筹监制	吴昌荣	
责任编辑	马燕冰	
品质总监	张震宇	
出版发行	国际文化出版公司	
经　销	全国新华书店	
印　刷	北京虎彩文化传播有限公司	
开　本	710 毫米 ×1000 毫米	16 开
	10.75 印张	150 千字
版　次	2022 年 12 月第 1 版	
	2022 年 12 月第 1 次印刷	
书　号	ISBN 978-7-5125-1456-0	
定　价	68.00 元	

国际文化出版公司
北京朝阳区东土城路乙 9 号　　　　　邮编：100013
总编室：(010) 64270995　　　　　传真：(010) 64270995
销售热线：(010) 64271187
传真：(010) 64271187-800
E-mail：icpc@95777.sina.net

目录
CONTENTS

| 绪论 |

印度在我国的地缘政治版图中具有极为特殊的地位。按照我国外交的"四个布局"——大国是关键、周边是首要、发展中国家是基础、多边是重要舞台的战略定位中，印度与俄罗斯是仅有的两个同时在"四个布局"中都承担重要角色的国家，而印太安全格局的波谲云诡又进一步凸显了印度在大国博弈中的敏感性与特殊性。加强中印之间的相互了解、维系中印关系的基本稳定，不仅是利乎两国人民的实际需要，同时也攸关我国实现民族复兴的历史征程。然而，我国对于印度的了解又是不全面的，过多聚焦于"关系安全"，而忽略了支撑国际关系的"技术安全"，对于印度在我国及周边地区所形成的安全威胁缺乏技术性的解构。

其中，印度军工体系的成熟、自主化程度的提高以及军民融合的深入是目前南亚以及印太地区最值得关注的焦点之一，不仅涉及印度以及整个南亚安全体系的再塑，同时也引发了域内国家围绕地缘政治博弈的安全焦虑。但与此同时，印度国防工业的内在弊病同样突出，国有兵工厂和公司的强势垄断地位不但导致兵工厂和国有企业自我满足，还阻碍私营企业进入国防生产领域。国防研究与发展组织提供的技术不仅无法达到目标功能，而且耗费的时间和资金也大超预期。

在此背景下，印度基于已有的国防工业基础，期待以军民融合解决面临的困境。军民融合是指在更大范围、更深程度上将国防和军队现代化建设融入国家经济社会发展体系之中，目的是要打破军民分割格局，通过"以军带民，以民促军"，为军队现代化提供丰厚的资源和可持续发展的后劲。从世界范围内来看，军民融合有利于节省军费开支。2001年，印度国防工业向私营企业开放，规定私营企业可参与国防工业的经营。印度《2013年国防采购程序》强调为国内私营公司提供"公平竞争的环境"，希望终结印度兵工厂和公有国防企业的垄断局面。政府还宣布，允许私营防务公司作为战略合作伙伴加入重大防务项目。此外，印度政府还加快公有国防企业的股份制改革，提升国防工业企业的活力；要求各大军工企业与私营中小企业签订开发生产零部件的合同。2014年莫迪政府上台后，高度重视军民融合的战略地位，不断颁布政策推动军民融合，促使军民融合的程度、自主制造和自主创新能力都逐年稳步提升。

目前，印度国防工业构架中已经形成了以国营为主、私营军工企业为辅的布局。私营军工企业的产品已占据印度国防工业生产的一定份额，军民结合、公私结合的状况得到促进，国防工业体制改革取得一定成果，整体国防工业水平也有提高，主要体现在五个方面：军民结合水平的进步；国防工业运行体制的改革；国防工业对外合作与交流的完善；自主研发高新装备方面的成果；对外国资本利用的提升。对此，我国应对印度的军工发展保持警惕和重视，对于其成功的经验、失败的教训予以借鉴，对于其可能形成的军事企图保持清醒，共同致力于中印关系的和平、稳定与发展。

第一章

殖民时期印度近代军工产业的初步建立与发展

印度早期的军工产业发展较为坎坷，这主要是因为印度过早地被西方国家所殖民而失去了独立发展近代军工产业的资格与能力。在两次世界大战期间，英国虽迫于战争形势而逐渐放开了对印度本土军工生产的限制，但总体而言，印度的军工产业依然徘徊于较低的水平，没有形成完整的生产体系、技术先进的近代军工生产能力。

第一节 半殖民时期印度近代军工业的初步建立

自 1498 年葡萄牙人瓦斯科·达·伽马（Vasco da Gama）到达果阿之后，欧洲殖民者便开启了殖民印度的浪潮。葡萄牙作为第一个殖民印度的国家，迅速垄断了印度至欧洲的海上香料贸易，而印度大陆的富庶更加刺激了列强们的殖民野心，葡萄牙、荷兰、英国、法国以及奥地利帝国等先后成立了各自的"东印度公司"，以掠夺南亚次大陆的财富。在这个过程中，出于征服印度以及殖民利益争夺的需要，西方列强分别在印度成立了各自的军工企业，以维系殖民战争的需要。应当强调的是，各国虽然都在印度殖民地进行了火药生产以补给战争的消耗，但大多停留在个体手工业或工场作坊的阶段①，并未形成有体系的军工生产与管理机制。直到18世纪初，印度西孟加拉邦地区才逐渐出现了有明确记载和机器生产特征的军工产业。

一、印度军工的萌芽：伊查普尔小镇

伊查普尔（Ichhapour）②是印度西孟加拉邦北帕尔干纳区一个并不起眼的小城镇，但在这里却孕育了印度的近代军工业。这个小城镇是印度军工产业从依附走向独立的历史见证者，也是印度近代以来历次战争的参与者。目前，伊查普尔作为国防工业区依然发挥着举足轻重的作用，辖区内有伊查普尔步枪厂（RFI）③、金属和钢铁厂（MSF）④两家军工企业。

图1-1　基于奥斯坦德枪药厂旧址所建立的伊查普尔步枪厂

---

① 如英国在印度西海岸建立殖民地后，随即于1668年开始在孟买进行火药生产（枪炮等军械依然从英国本土购入），并鼓励工匠、金匠、军械师和其他手工业者居住在孟买，为英国东印度公司工作。但这种形式多属于工场作坊类，并未形成有规模、有体系的军工生产。

② 伊查普尔的城市名有两种音译，分别是Ichhapour和Ichapore，两者在印度当地都通行。

③ 伊查普尔步枪厂，英文全称：Rifle Factory Ishapore，简称RFI。

④ 金属和钢铁厂，英文全称：Metal and Steel Factory，简称MSF。

早在 1712 年，荷兰奥斯坦德公司便在伊查普尔设立了枪药工厂（Gun Powder Factory）[1]，以满足海上护航和殖民战争的需要。这一事件被认为是印度近代军工产业的萌芽。随后，荷兰奥斯坦德公司于 1715 年被融纳到由奥地利皇帝查理六世所赞助的"奥斯坦德东印度公司"[2]，伊查普尔枪药厂也一直经营到 1744 年，才因"奥斯坦德东印度公司"的解体而陷入停滞，而该土地的所有权也于 1769 年重归当地土邦的巴哈杜尔·诺布基森王公（Maharaja Nobkissen Bahadur）所有。

图 1-2　约翰·法考尔（1751—1826），苏格兰火药经销商。晚年信奉印度教，并曾想在苏格兰的阿伯丁建立一所宗教研究大学。

1757 年，普拉西战役爆发，英国东印度公司击败了印度的孟加拉土邦王公西拉杰·乌德·达乌拉（Siraj Ud-Daulah），建立起傀儡政权，在实际上取得了对孟加拉土邦的统治权。1778 年，英国东印度公司与伊查普尔当地王公签订契约，以土地置换的方式获得原奥斯坦德公司的枪药厂，并委托约翰·法考尔（John Farquhar）于 1787 年重建了"伊查普尔枪药厂"（Gun Powder factory Ishapore）[3]。枪药厂自 1791 年 1 月 1 日开始生产，持续经营了 100 多年，1902 年被改建为步枪厂。约翰·法考尔（John Farquhar）这位苏格兰冒险家和商人作为创建者和首任管理者而被用碑石铭刻于工厂入口的石碑上，他的建厂事迹也一直被保存到现在。

[1]　Rifle Factory Ishapore, "Our History," http://ddpdoo.gov.in/unit/pages/RFI/our-history1. 访问日期：2021 年 9 月 11 日。

[2]　从 17 世纪起，奥地利帝国开始了海外殖民的尝试，并于 1715 年在荷兰南部（现今的比利时佛兰芒地区）成立了一家名为"奥斯坦德东印度公司"（Ostend Company）的私营商人公司。皇帝查理六世（Charles VI）为该公司提供了 600 万荷兰盾，作为公私合营的 6000 股股份，遂由此开始了奥地利帝国在印度的商业拓展与殖民活动。当年，奥斯坦德东印度公司便获得了在印度古吉拉特邦苏拉特（Surat）港口的贸易允许。

[3]　Stephen Leslie（ed.），Dictionary of National Biography, London: Smith Elder & Co, 1889, p.18.

至此，从印度东北小镇伊查普尔开始了印度军工产业的进程，而它所代表的意义和产生的影响却更为深远。伊查普尔军工厂的建立要比印度铁路等其他工业组织早一个多世纪，开启了印度近代工业的先河，并在印度的民族独立以及国家建设中发挥了重要作用。如今的伊查普尔作为国防工业区，属于加尔各答大都市圈的辖制范围，在轻武器研发和枪械弹药的生产上发挥着重要作用。如目前印度军队大规模装备的自主设计的"英萨斯"（INSAS）突击步枪，便是由伊查普尔步枪厂所设计和制造的。而伊查普尔的金属和钢铁厂则是印度军用五金（基本黑色金属和有色金属）原材料的主要生产商，尤其是该厂所制造的优质深冲钢（HSLA级）[①]在军工领域处于全球领先地位。

表 1-1　伊查普尔步枪厂设计和生产的武器

	现役武器	民用武器
1	INSAS 1B1	12 Bore PAG（NPB）
2	Indian assault Rifle	22 Revolver（NIDAR）
3	Ishapore Assault Rifle	22 Revolver
4	Ishapore Carbine	32 Modified Pistol
5	Ghaatak	22 Sporting
6	9mm Pistol	315 Sporting
7	Anti Riot gun	30-06 Sporting
8	Sniper Rifle 8.6x70mm	
9	Sniper Rifle 7.62x51mm	
10	Sniper Rifle 7.62x51 mm Mk-I	
11	Tear Gas Gun	

资料来源：伊查普尔步枪厂官网，2021 年 11 月 18 日，http://ddpdoo.gov.in/unit/pages/RFI/milestones1。

---

① HSLA 是 High Strength Low Alloys 的简称，指高强度低合金钢。

二、军工生产管理体系的初步确立

1670 年，英皇查理二世（charles II）颁布法令，授权英国东印度公司可以占领治地、铸造钱币、建立军队、结盟以及宣战，由此东印度公司开始正式组建军事力量。当时，英国东印度公司在印度主要有三大殖民中枢[①]，分别是位于西北的孟买、西南的金奈以及东北的加尔各答，这三大自治领各自拥有军队且进行军械生产，但却相对独立而缺乏协调，导致军械的生产、储存以及供应的随意性和不稳定性。英国东印度公司为了进一步巩固自身的军事实力、强化军品后勤保障，亟须就兵工系统进行一系列的调整与改革，建立起相应的兵工生产与军械管理制度，而近现代印度的军工生产管理体系也在这个过程中逐渐建立和起步。

图 1-3　约翰·克拉弗林爵士（1722—1777），中将，军官兼外交官。印度军械委员会、军械兵团的创始人。

普拉西战役（Bartle of Plassey）之后，英国东印度公司将总部迁往加尔各答，并对此前的军械生产与管理的混乱状况进行调查、整治。时任英属孟加拉省陆军总司令的约翰·克拉弗林（John Clavering）中将对军械供应的情况进行了详细的调查，在其所提交的报告中建议成立一个专职机构以监督军械供应链的运转，称为"军械委员会"

（Board of Ordnance）。克拉弗林的建议被东印度公司所接受，于 1775 年 4 月 8 日在距离伊查普尔仅 30 多公里的加尔各答 - 威廉堡设立"军械委员会"（见图 1-4），而这也是如今由 41 家兵工厂组成的印度国有军工托拉斯——兵工厂委员会[②]的前身。与此同时，围绕"军械委员会"还形成了一支专业的军械后勤服务队，而这后来则发展成为有"印度第四军种"之称的"陆军军械兵团"（Army Ordnance Corps），4 月 8 日也随之成为如

---

① "East India Company," *Encyclopædia Britannica Eleventh Edition*, Volume 8, 1911, p.835.
② 兵工厂委员会，英文全称：Ordnance Factory Board，简称 OFB。

今的"军械兵团纪念日"。

图1-4 威廉堡 – 英国东印度公司"军械委员会"旧址
（白色建筑即为威廉堡，现为印度东部军区司令部所在地。）

"军械委员会"是英国东印度公司所建立的第一个综合性的军工管理机构[①]，同时也是英国殖民者留给现代印度最重要的军工遗产之一。东印度公司通过该组织可以有效地组织各殖民地的军械生产、军械仓库的储备、军械的发放以及军费开支的节流，从而第一次对军械实行了真正意义上的中央集权管理，在相当程度上减轻了三大殖民区之间由于通信不便、协调不力而导致的军械生产储存以及运输上的困难，在客观上有力地支持了当时英国东印度公司在殖民地的扩张。"军械委员会"成立之后，英国东印度地区的军工生产效率随即得到了提升，其中尤以"印度第一军械厂"的成立最具典型。1801年，在北加尔各答的科西波尔（Cossipore）街区成立了一家名为"枪械运输机构"（Gun Carriage Agency）的企业，经过一年筹备建设后，于1802年3月18日开始投入野战炮车的生产，这是印度真正意义上的"第一家军械厂"，3月18日也因此作为印度的"兵工纪念日"而一直延续到今天。值得强调的是，该企业虽历经多次重整

---

① India Army, "History of Army Ordnance Corps," https://indianarmy.nic.in/Site/FormTemplete/frmTempSimple.aspx?MnId=qJQNtgecvp8LmMCfNfGEBw==&ParentID=D/PZmVR+9aqBphxbpwffQQ==&flag=nfvGP/w6PYCVNPiKPhd5dw==. 访问日期：2021年9月11日。

和改名①，但至今依然存在并维持生产经营，成为南亚最古老的工业企业之一。②

图 1-5 枪炮工厂：印度第一军械厂、南亚最古老的工业企业

第二节 英属印度时期印度近代军工业的初步发展

早在 1600 年，英国便筹建东印度公司，以谋求逐步在印度实现殖民统治，并于 1612 年在印度西海岸的苏拉特市③建立起第一家商馆，而这也被视为英国在印度进行实质性殖民活动的开始。在随后的 200 余年间，英国先是击败法国并清除其在印度的殖民势力，然后再在 1757 年的普拉西

---

① "枪械运输机构"成立后不久便改名为"枪炮工厂"（Gun & Shell Factory），后由于火炮生产转移到阿拉哈巴德，该厂专职于枪支生产而更名为"枪支铸造厂"（Gun Foundry Factory），1872 年再次改名为"铸造和炮弹厂"（Foundry and Shell Factory），1905 年开始生产速射枪，名称因而又被改回原名"枪炮工厂"（Gun & Shell Factory），一直延续到今天。

② Simon Darvill, *Industrial Railways and Locomotives of India and South Asia*, Birmingham: Industrial Railway Society, 2013, p.7.

③ 苏拉特，英文全称 Surat，是位于印度古吉拉特邦的港口城市，也是印度历史上最为重要的通商口岸之一。

之战中击败土邦军队以宣告征服印度的开始，并于 1857 年推翻莫卧儿王朝，从而实现了对整个印度的统治，由此开启了自 1858—1947 年的"英属印度"（British Raj）时期。

一、军械生产管理体系的持续改革与完善

进入 19 世纪中期，英国在印度的殖民地不断扩大，并最终实现了对整个印度的殖民统治。此前的孟买、金奈以及加尔各答等主要殖民地区的相对割裂状态已经不复存在，而驻扎在殖民地区的英军规模也不断增大，军械与后勤管理中的问题也随之日益突出。此外，塞缪尔·莫尔斯于 1837 年发明了电报机之后，长距离的通信变得快捷简单，随后的数十年中电报机得到了迅速的工业推广，而英国在印度的殖民扩张同样受惠于这一通信革新。在这样的历史和技术背景之下，原先三大殖民中枢的地方区分变得不必要和烦琐，因而无须再在全国各地的小仓库中分散储存军械，立足于地方协调的"军械委员会"也日渐不合时宜，"英属印度"政府亟须一个管理更为有效、权力更为集中的军械管理系统。

1874 年，"英属印度"政府成立了"特别军械委员会"（Special Ordnance Commission），以推动殖民地的军械生产体系的改革，希冀以此建立一个更加有效的兵工生产与军械管理系统。经过一年多的反复商定和审议，"特别军械委员会"于 1875 年 4 月 7 日提交了军械系统改革的建议方案，主要包含了以下四个方面的内容：

①重新清理当时殖民地的兵工生产、军械储备情况。

②针对全殖民地的军械库、兵工厂，制定统一的内部财务制度和管理程序。

③将三大殖民中枢的军械部门合并为单一的全印度组织，设立"军械总监"负责具体的军械生产和管理工作。

④"军械总监"除了负责该部的职责工作外，还成为殖民当局所有军械事务的官方顾问。[①]

"特别军械委员会"的建议得到了采纳，英驻印度总督利顿伯爵（Robert Bulwer Lytton）于 1879 年 5 月任命了"印度陆军委员会"（Army in India Commission），目的是对印度的军事系统进行彻底的调查和改革。1884 年 4 月 1 日，"印度军械部"正式成立，任命了第一任"军械总监"（Director-General of Ordnance），下设孟买、金奈和加尔各答三大分管机构以进行统一管理。1890 年，"印度军械部"进一步推动内部整合，将原先三大分管机构重整为东部、西部两大辖治部，各设一名独立的监察长负责，基本清除了前殖民时期三大殖民区的自治遗产。

虽然"英属印度"的军工生产管理体系后期也有一定的调整，但在总体框架上维持了"印度军械部"的框架，还由此形成了著名的第四兵种——印度军械兵团，并在随后的两次世界大战中发挥了重要作用。

二、两次世界大战期间军工体系的运营及贡献

1914 年，第一次世界大战爆发，130 余万印度士兵作为宗主国的协从而卷入战争，仅作战阵亡便超过 7 万余人，6.5 万人受伤，1 万余人失踪，为英国在一战的胜利做出了巨大的牺牲和贡献。但是英国殖民者对于印度依然是心存警惕和芥蒂的。首先，英国原本是排斥印度兵源的，但战争的消耗使得英国不得不考虑从印度殖民地补充兵源，以所谓"印度自治"的期许来征召印度人充当帝国主义战争的炮灰。但是，战后英国人非但没有兑现"印度自治"的允诺，反而对提出此要求的印度士兵给予残酷的镇压，

①　India Army, "History of Army Ordnance Corps," https://indianarmy.nic.in/Site/FormTemplete/frmTempSimple.aspx?MnId=qJQNtgecvp8LmMCfNfGEBw==&ParentID=D/PZmVR+9aqBphxbpwffQQ==&flag=nfvGP/w6PYCVNPiKPhd5dw==. 访问日期：2021 年 9 月 11 日。

制造了"阿姆利则惨案"。正如《剑桥印度史》中所记载的："即使印度为英国的胜利做出了巨大的贡献，但战后所面对的不是期许的和平，而是残忍的刀剑。"其次，印度人在战争中没有任何自主权，每一个印度兵团的军官都是英国人，并且印度士兵没有与英国士兵组成混成兵团。最后，印度殖民地主要贡献的是兵源与资源，而非主要的军工生产，殖民地依然是以简单的弹药等高污染、低技术生产为主。印度在整个战争期间向英国政府提供了 18 万匹 / 峰 / 头马、牛、骆驼、骡子等，以及 37 万吨的饲料、黄麻、22 万吨大米、13 万吨面粉、3.5 万吨糖、60 万吨木材等大量物资。此外，印度大约向英国人提供了 1.46 亿英镑的资金援助，按照现在的汇率计算相当于 140 亿美元。

图 1-6　英国国王乔治五世检阅印度兵团

---

① 阿姆利则惨案：一战结束后，英属印度议会于 1919 年通过了"罗拉特法"，允许警察可以凭借任何理由拘禁印度人以任何长的时间。这意味着战前英国人所承诺的"自治"非但没有实现，反而使得印度人民完全丧失了政治自由。印度人民对此表示了极大的愤慨，其中尤以旁遮普的反帝斗争最为激烈。4 月 13 日，5 万余抗议者在阿姆利则市札连瓦拉园进行集会，当晚英印军队的戴尔（R.E.H.Dell）将军率领 105 名士兵入场镇压，向密集人群连续扫射 10 分钟，发射子弹 1650 发，共造成 379 人死亡、1200 余人受伤（英国官方统计）的惨案。

表 1-2　一战期间英国在印度招募的七支远征军

番号	参战人数	作战区域 / 参加战役	阵亡人数
第一远征军	15 万	主要在法国和比利时地区战斗，参加了索姆河之战、巴占廷战役、弗勒斯之战，坎布里战役等欧陆战役	1 万
第二远征军	1 万	主要在东非地区战斗，参加了坦加战役	0.5 万
第三远征军	0.4 万	主要在东非地区战斗，参加了乞力马扎罗战役	0.3 万
第四远征军	40 万	主要在中东地区战斗，参加了米索不达米亚战役	3.8 万
第五远征军	2 万	主要在非洲地区战斗，负责护卫苏伊士运河	1.3 万
第六远征军	1.6 万	主要在土耳其地区战斗，参加了加里波利战役	0.2 万
第七远征军	70 万	作为战斗辅助和后勤保障人员分布在各个战场	不详

注：这 7 支部队实际上没有远征军的正式番号，大多数都为英国人在印度招募的雇佣军。

第二次世界大战期间，由于英国本土遭到了纳粹德国的轰炸，无论是人员伤亡还是工业损失都超出了英伦三岛所能承受的代价，"英属印度"这个最为重要的海外殖民地就成为英国坚持战争的重要支撑之一。英国为了坚持与轴心国的斗争，除了向美国寻求外部支援之外，在内部同样深挖战争潜力，尤其是英属殖民地的各类资源补给。不仅如此，相较于第一次世界大战，英国在远东的殖民地还受到了日本的打击，新加坡、缅甸等东南亚殖民地相继沦陷，使英国的殖民体系面临瓦解。正是在这样的历史背景之下，印度作为英国最重要的殖民地，相比一战时期为宗主国承担起了更为重要的负担，从政治、经济以及军事等诸多领域为英国提供了战争支持。整个二战期间，印度共有 250 万雇佣军参与到英国在世界各地的作战，诸多英军所参与的战役基本上都是以印度士兵为主，英军的大部分后勤保障都是由印度人承担。此外，印度还为盟军提供了诸如煤炭、钢铁、钨、锡、汞以及云母等重要的战略物资，并且出口了大量的粮食、茶叶、食用油等生活物资，以至于印度本土不少人因为粮食短缺而饿死。

但在这个过程中，印度人同样受益于战争所带来的工业发展契机。1939—1943年间，印度的工业能力飞速发展，钢铁产量增长了2倍，纺织业产量增长了5倍，化学、制造业等工业也在这一时期得到了飞速发展。到第二次世界大战结束时，英国在印度全境共有16家兵工厂，战争期间生产了70万支步枪，数百架哈洛PC-5、柯蒂斯P-36和兀鹫A-31等战斗机，以及千余门各式坦克和千余辆各式火炮，有力地支援了盟军作战。

附1-2：英属印度二战时期高端军工制造——印度斯坦飞机有限公司

印度斯坦飞机有限公司（Hindustan Aircraft Limited）成立于1940年12月23日，是当今世界上最古老、最大的航空航天和国防制造商之一。[1]起初的创立是印度实业家沃尔昌德·海拉昌德（Walchand Hirachand）在当地土邦"迈索尔王国"的支持下在班加罗尔创立，设备是从美国外交官、商人威廉·道格拉斯·鲍雷（William Douglas Pawley）所有的纽约洲际公司（Intercontinent Corporation）购买。

1941年4月，"英属印度"政府拥有了该公司1/3的股份，后在进一步的压力下，航空公司的管理控制权于1942年完全让渡给"英属印度"政府。

1943年，印度斯坦航空有限公司的制造工厂被暂时移交给美国，该工厂迅速扩张，成为当时美国在亚洲最大的飞机维修中心，被称为"第84航空站"。两年后，当该工厂恢复"英属印度"政府控制时，还承担起铁路车厢的生产。

图1-7　HAL工人检查航空油箱（1944年）

---

[1]　Hindustan Aeronautics Limited, "Our History," https://hal-india.co.in/Our%20History/M__111. 访问日期：2021年10月6日。

1947 年印度独立后，该公司的管理权移交给了印度政府。1964 年 10 月 1 日，正式改名为"印度斯坦航空有限公司"（Hindustan Aeronautics Limited），成为印度国防部下辖的国防生产部直属的国营企业，是印度唯一的航空制造公司，也是印度最大的国防承包商。

第三节 殖民时期印度近代军工业发展的成就及问题

"殖民遗产"是印度独立以来至今依然发挥重要作用的时代印记，这不仅仅凸显在印度的军工生产上，更是反映在印度的政治、经济、文化以及社会民俗等各个领域。

一、军工生产为印度民族独立和工业发展做出一定贡献

无论是独立运动时期的印度本土精英，抑或是如今的印度领导人，对于殖民时期的军工成就都持有非常积极的评价。他们普遍认为正是两次世界大战的爆发动摇了英国的殖民根基，给印度民族独立力量的发展提供了契机，并为印度的工业发展和世界地位提升做出了贡献。

一方面，英国殖民者为了争取印度精英及人民对战争的支持，往往会以权利让渡的方式来获取认可，这使得印度的民族独立力量在两次世界大战期间得到迅速发展。在这个过程中，印度精英的社会地位与政治权利得到了显著提高，他们甚至毫不讳言"期待战争"，因为他们希望通过战争来实现印度的发展以及自治权的让渡，正如印度国大党主席萨蒂恩德拉·普拉桑诺·辛哈（Gopal Krishna Gokhale）于 1915 年所说："战争是我们印度人的机遇，印度人愿意做出牺牲。"即使是"圣雄甘地"，在一战爆发时也异常积极地"为祖国和大英帝国效力"，筹备兵源、物资以及组建医

疗队，并写信向殖民政府保证"士兵会源源不断而来"。

另一方面，两次世界大战使得印度成为英国军工生产的后方基地，不仅增强了印度本土的军工实力，更为印度战后的工业发展奠定了基础。在整个二战时期，印度军工生产的贡献是非常突出的，以至于现任的印度领导人都一度"借古讽今"，认为印度如今的军工能力并没有"恢复往日的辉煌"。2012年初印度总理莫迪在推动军工改革的演讲中，丝毫不掩盖对那段殖民时期的"辉煌"的赞许："在独立之前，我们曾经拥有数百家军械厂。在两次世界大战中，武器都是从印度大规模出口的，但是印度出于各种原因获得独立之后，该系统并未得到应有的加强。"[①] 到1947年印度独立时，尼赫鲁政府从英国殖民者手中接管的17家兵工厂中，既有从事轻武器、弹药、地雷等低技术产品的生产商，也有负责飞机、坦克生产以及维修的高端制造业。不仅如此，这些军工企业的背后是需要数以千百计的相关企业进行配套生产，形成了以军工生产为龙头的工业生产链条。

图1-8　英国殖民者过度军事征用而引发的印度大饥荒

但是，在印度精英为之额手称庆的同时，印度的底层人民却为此付出了巨大的牺牲和代价，既要承担着战争的巨大伤亡，也要在大量资源被征用后面临饥饿和疾病的威胁，还要在民众的权利要求无法得到满足时警惕英国殖民者的镇压。整个二战期间，英属印度殖民地的军事人员死伤达8.7万人，由于军事行动和反人类罪造成的平民死伤则在150万~250万之间，而这期间的孟加拉大饥荒直接造成了1000万以上的人被饿死，堪称是二战期间的最大惨案。这场惨案的罪魁祸首便是英国

---

① Narendra Modi, "India's defence sector is moving ahead with transparency, predictability & ease of doing business," February 22, 2021. https://www.narendramodi. in/text-of-pm-s-address-during-webinar-on-effective-implementation-of-budget-provisions-in-defence-sector-554083. 访问日期：2021年10月30日。

殖民者，英国为了保障本土的粮食供给和军队的补给，对印度的粮食进行大规模掠夺，导致印度发生了大饥荒。因此，印度本土精英所为之骄傲的历史契机和军工生产的辉煌，其背后是底层人民的巨大牺牲和资源的大量流失。

二、印度军工的独立性问题成为殖民遗产留下的痼疾

两次世界大战期间，虽然印度的本土军工以及相关产业得到了发展，但同样也留下了后遗症，即印度军工体系的独立性问题。这个痼疾非但没有在印度独立后有所突破，反而一直延续到今天，造成印度军工业大而不强、自主研发能力弱、生产质量差等一系列问题。

从管理体系上看，"英属印度"辖下的军工企业仅仅是从事弹药生产、军械组装与维修，而不涉及新技术装备的试验、研发与管理，英国殖民者始终以警惕的心理排斥印度本土精英参与到实际的管理运营之中，只是以劳动力剥削与资源掠夺为主要目标。从 1712 年荷兰人在伊查普尔设立枪药工厂直到二战期间，高污染、高能耗的弹药生产便是西方殖民者在印度进行军火生产的主要标志，这些弹药生产不仅是对当地资源的一种掠夺，同时也会对印度当地民众的身体健康以及环境产生不可逆的破坏，诸如肝炎、贫血、白内障等职业病严重，但英国殖民者并不顾忌劳动者的健康与安全，导致了高强度、高污染环境下的劳动伤亡。至于先进武器的研究在英国本土进行，非但不会有印度本土科研人员的参与，甚至不会允许生产企业中层管理者中有印度人的出现，企业中层以上管理人员都由殖民者担任。印度独立以后，虽然从英国继承了这些军工企业，但却始终在生产研发上停滞不前，不仅没有恢复殖民时期军工生产的状况，反而出现了相当大程度的倒退，因此也就有了上文中所提及的莫迪遗憾"在两次世界大战中，武器都是从印度大规模出口的，但是在出于各种原因获得独立之后，该系统并未得到应有的加强"。当然，印度独立后军工研发生产出现停滞

和倒退，其中还有各种其他因素的制约，但英国人在军工生产管理层中对印度人的排斥是其中的主要原因。

附1-3：弹药生产中对人类身体健康及生存环境的破坏

各类子弹、炮弹弹头一直以铅为主要材料，其生产过程中大量的铅、铜粉尘被人体吸入，若摄入过多无法及时排出体外，会对神经系统、心血管系统、骨骼系统、生殖系统和免疫系统都产生毒副作用，带来精神恍惚、记忆力衰退等症状。

20世纪初，三硝基甲苯（TNT）已作为一种军用炸药广泛装填于各类弹药中，是一战、二战中各类弹药的主要成分。TNT生产过程中所产生的污水会污染地表水和地下水。这些被污染的水呈粉红色，这是因为水被TNT炸药和黑索金所污染。这些污染物的清理程序十分困难和昂贵。人如果长期暴露于TNT环境下，会增加患贫血症和肝功能不正常的概率。注射了或吸入三硝基甲苯的动物亦发现会影响血液和肝脏，并出现脾脏增大和其他有关免疫系统的疾病。亦有证据证明了TNT炸药对男性的生殖功能有不良影响，也被列为一种可能致癌物。进食TNT炸药会使尿液变黑，引起亚急性中毒、慢性中毒。还会引起白内障、中毒性肝炎，损坏造血系统，疑有致癌性。

从设备体系上看，"英属印度"辖下的军工企业生产设备的引进、运营以及后续维修都是由英美人所控制，印度本土不具备工业机床设计、生产与维护的能力，这就致使"对外依赖"成为印度军工业自独立以来便存在的痼疾。美国斯坦福大学的印度裔教授普利亚·萨蒂亚（Priya Satia）教授在其著作《枪支帝国：工业革命的暴力制造》中指出："英国殖民官员极力扼杀印度当地的枪支制造，并阻止印度人获取英国枪支制造的知识。他们这样做是出于一种理解，即武器制造是工业进步的核心。结果是南亚对英国枪支及生产设备的依赖，助长了英国的工业起飞，同时削弱了印度的工业潜力。"[①] 到了二战时期，随着美国实力的膨胀以及印度成为英美两国对抗轴心国的重要生产基地，印度军工企业的生产设备大量从美国进口，如印度斯坦飞机有限公司（Hindustan Aircraft Limited）的所有生产设备都是从美国纽约洲际公司购买。这虽然在主观上有利于世界反法西斯战争的胜利，但在客观上却又再一次削弱了印度殖民地军工生产的自主化能力，加深了印度独立后对外国武器的严重依赖。

① Priya Satia, *Empire of Guns: The Violent Making of the Industrial Revolution*, Redwood City: Stanford University Press, October 2019, p.59.

第二章

独立后印度军工产业体系的发展进程 |

独立后的印度军工业发展总体可以分为三个阶段，分别是：建国初期寻求国防工业体系建立的"自立"阶段；印巴战争期间谋求特许生产的"自主"阶段；着重强化本土军事工业研发与生产能力的"自强"阶段。

第一节　"自立"阶段：国防工业体系的初步建立

印度独立之初，由于未受到战争的直接侵害，其国内的基础设施状况要好于同期的中日韩等东亚国家，尼赫鲁政府也从英国殖民者手里顺利接管了17家兵工厂，其中包括16家军火企业和1处被服厂，总资产大约800万美元（现在约合2.16亿美元），且设备维护状况较好，印度因此初步具备了轻武器的生产与后勤的补给能力。虽然英国给印度留下了看似不菲的军工遗产，但相较于190年殖民统治期间给印度人民所带来的巨大灾难，这点遗产显然是微不足道的，而且这些兵工厂仅仅是零配件的生产、组装，并不涉及核心技术的研发。独立后的印度正是依托这17家技术落后的兵工厂开启了国防工业步履蹒跚的艰难起步。

一、"自给自足"战略的制定

第二次世界大战后美苏两霸的竞争与博弈，也将世界许多国家卷入到"非此即彼"的斗争旋涡之中，给发展中国家带来了沉重的政治负担、经济困境与军事压力。印度作为南亚的主要大国，同样也面临着东西方世界站队的艰难抉择，但尼赫鲁深刻认识到印度所面临的贫困落后局面，认为决不能因意识形态的分歧而放弃以经济发展为中心的国家战略，更不能将自身置于超级大国对抗的前沿。对此，尼赫鲁在建国初期选择了与南斯拉夫、埃及等国共同发起"不结盟运动"，拒绝参与美苏两国的政治军事角力，以经济发展作为国家重心。在具体行动上，尼赫鲁一方面在政治上继续与美英西方世界保持着密切的联系与交流，另一方面则在经济上吸纳了苏联"计划经济"体制的优势，再一方面则是自诩为倡导者。尼赫鲁的内外政策取得了一定成效，增加了印度在美苏之间政治斡旋的空间，也在相当时期中提高了自身的国际威望。

在这样的背景之下，印度的国防工业根据尼赫鲁"军事战略与外交政策都要服务于国内经济发展"的方针，走上了"自给自足"（Self-Sufficiency）的发展道路，政府将主要的人力和物力投入到国内经济建设之中。"自给自足"战略是由英国著名科学家帕特里克·布莱克特（Patrick Blackett）向尼赫鲁所提出的建议。[1] 布莱克特主张印度的国防产业发展应当秉持循序渐进的原则，依照目标的紧迫性和战略性制定短期和长期两个计划（详见附 2-1）。

---

[1] Robert S. Anderson, "Patrick Blackett in India: Military Consultant and Scientific Intervenor, 1947-72," *Notes and Records of the Royal Society of London*, London: Royal Society, Vol. 53, No. 2, May, 1999, p. 263.

附 2-1：帕特里克·布莱克特和他的"两步走"计划

帕特里克·布莱克特，英国实验物理学家、诺贝尔物理学奖获得者，在二战期间为盟国的军事战略行动做出了巨大贡献，但战后由于他的思想过于激进和左倾，而被当时的英国工党政府所弃用，布莱克特由此将精力转向了国际主义，并于

图 2-1　布莱克特（右 1）在印度担任军事顾问

1947 年结识了当时的印度独立领袖贾瓦哈拉尔·尼赫鲁。尼赫鲁对布莱克特一见如故，并在随后的 20 年间一直将其作为重要的军事与民用科学顾问，直至尼赫鲁去世。他担任印度军事顾问期间，为印度规划了国防工业"两步走"计划：

短期计划：以非竞争性的技术简单武器为主，着重强化"本土生产"的要素

陆军：轻型坦克、轻型防空炮、运输汽车、25 磅野战炮

海军：海军护航机

空军：教练机、运输机

……

长期计划：以竞争性的高性能复杂武器为主，着重强化"技术特点"的要素

陆军：重炮（加榴炮）、高空防空炮

海军：中等吨位军舰

空军：机载雷达、轰炸机、喷气式战斗机

……

在布莱克特的规划与统筹下，印度在建国初期的军工生产主要以非竞争性的技术简单武器为主，但着重突出本土大规模的生产能力。至 20 世纪

50 年代，印度已经逐步减轻甚至是摆脱了对外国（主要是英国）的轻武器依赖，从 1950 年的 90% 的军事装备与后勤补给依靠进口，到 1953 年 80% 的陆地军事装备实现了国产与自给（如坦克、吉普车、运输卡车以及拖拉机等军用车辆都实现自产），部分航空装备（如教练机和战斗机）也由国营的印度斯坦飞机制造厂研制。到 1962 年中印边境战争前夕，印度累计共生产了 161 架 HT-2 教练机，与西方国家联合研发的 HF-24 "风神" 战斗轰炸机也于 1961 年实现了试飞。可以说，布莱克特提出的 "短期计划" 在印度取得了卓越的成效，而 "长期计划" 也在稳步地推进和实施。

二、国防工业国有化的推进

在建国初期，尼赫鲁与甘地两人曾经围绕国家产业结构产生过分歧与争议，甘地倾向于发展轻工业等资本密集型产业，而尼赫鲁则更强调以 "计划经济和国营工业" 实现产业体系的迅速崛起。尼赫鲁早年留学英国时，认识到只有强大的工业能力才是国家安全与发展的关键依托，而且只有重视工业的发展，才能有效解决印度作为人口大国的就业和社会安定。但他考虑到当时的国际形势而不愿表现明显的制度倾向，只想兼具两种社会体制的优势以为印度发展所用，故而采取了一种资本主义与社会主义的混合经济体制。在具体的发展方案上，尼赫鲁采纳了首席经济顾问普拉桑塔·钱德拉·马哈拉诺比斯（Mahalanobis Prasanta Chan-dra）的 "公有生产计划工业"（The Common Production Programme Industry）设计方案，强调以劳动密集型的工业化取代资本密集型产业，以解决就业作为优先选择。为了应对后殖民时期的失业浪潮，马哈拉诺比斯强化了就近建立 "劳动密集工作站" 的首要经济原则，以避免大量乡村失业人口的无序流动所带来的中心城市压力，同时也可以通过大量分布式的工作站实现乡村产业和个体经济的发展。此外，尼赫鲁还借鉴了苏联 "五年计划" 的经济发展形式，但实行后仅有 4% 的年增长率，远不及西欧和其他社会主义国家的发展速度，故而也一度被嘲讽为"尼赫鲁式增长"。

在这个过程中,尼赫鲁强化了国防工业的国有化政策,给"自给自足"战略以足够的支撑,此时的印度是不存在"军民融合"概念的。独立以来的尼赫鲁政府非常注重国家工业能力对于主权的关键性支撑,强调国防工业与核心工业要由中央政府直接掌握,而其他重要的工业产业则由各个邦直接控制。这一指导原则在《1948年工业政策决议》和《1956年工业政策决议》两份文件中有充分体现(详见附2-2、2-3):

附2-2:《1948年工业政策决议》核心内容

⊙宣布印度经济为混合经济

⊙重视小规模和家庭手工业

⊙限制外国投资

⊙国内行业分为4类:

中央政府独家垄断(武器弹药、原子能生产和铁路管理)

中央&地方政府垄断(煤炭、钢铁、飞机制造、造船、电报、电话等)

政府监管行业(基础性行业)

对私营企业、个人和合作社开放

附2-3:《1956年工业政策决议》核心内容

⊙确立产业政策的基本框架

⊙划分产业部门及责任单位:

A类—涵盖公共部门(17个行业)——其中包括国防工业

B类—涵盖混合部门(即公共和私营部门)(12个行业)

C类—向私营企业开放

通过以上附文可以看出，尼赫鲁政府对国防工业采取了坚决的国有化政策，涉及武器弹药、飞机、造船、钢铁、重型机械、原子能等核心工业等，全部由中央政府控制专营。正是因为尼赫鲁的工业政策，才建立起政府对国防工业的绝对控制，也才有了践行布莱克特"两步走"计划的实施空间。这一阶段，原先英国殖民期间的外资或私营兵工厂被全部纳入国营体系，这在实质上关闭了印度军民融合的通道。但应当肯定的是，这一政策在独立初期是及时与必需的，只有完全掌握国防工业才能够保证国家的军事稳定与主权安全，才能够建立起完善且可靠的军工体系，从而为未来的军民融合与深度发展奠定基础。

三、国防工业体系初步建立

在明确了国防工业发展战略、强化中央政府的直接控制之后，尼赫鲁政府立刻着手本国国防工业体系的建立。总体而言是分为三个部分：其一，继承英国遗留的 17 家兵工厂，在加强管理的同时实现生产规模的扩大；其二，创办国营的军工企业与研究组织，着重于技术研发和竞争性武器的生产；其三，加强军工生产的集中统一管理，在中央设立"国防生产委员会"，负责管理国防生产，协调海陆空三军的科研工作，确保与民用工业部门的联系，以满足国防需要。

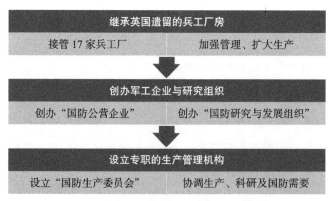

图 2-2 尼赫鲁政府建立的"国防工业体系"

其中，"创办国营的军工企业与研究组织"是尼赫鲁政府采取的重要举措之一，对未来印度国防工业体系产生了深远影响，是尼赫鲁政治遗产至今仍在起作用的组成部分。这个阶段所建的国防企业被称为是"国防公营企业"（DPSU），其中比较著名的有巴拉特电子有限公司（Bharat Electronics Limited，简称 BEL）、加登里奇造船与工程有限公司（Garden Reach Shipbuilders & Engineers Ltd，简称 GRSE）、马扎冈船舶有限公司（Mazagon Dock Limited，简称 MDL）和果阿造船有限公司（Goa Shipyard Limited，简称 GSL）。这些新创办的国防公营企业与英国殖民者遗留的兵工厂最大的区别在于，前者代表了印度在国防核心工业领域的追求，是由轻武器向重武器的升级，也是由非竞争性武器向竞争性武器的转型。后者则是英国殖民者将印度视为武器组装与后勤基地、劳动密集型与资源消耗型的特点明显。除了新建"国防公营企业"之外，尼赫鲁政府还将军事技术研发作为重点，于 1948 年成立了以"国防科学组织"（Defence Science Organisation）为代表的一系列研发机构。1958 年，"国防科学组织"与"技术开发局"（Technical Development Establishment）、印度军械厂技术开发与生产理事会（Directorate of Technical Development and Production of the Indian Ordnance Factories）等三家机构合并为"国防研究与发展组织"（The Defence Research and Development Organisation，简称 DRDO），该组织至今依然是印度国防研究与发展部下属的首要机构，也是印度的最大和最多样化的研究机构。目前，"国防研究与发展组织"辖下共有 49 个研究机构，从事开发涵盖航空、武器、电子、陆战工程、生命科学、材料、导弹和海军系统等各个领域的国防技术。2010 年，时任国防部长的阿拉卡帕兰比尔·库里恩·安东尼（Arackaparambil Kurien Antony）下令重组"国防研究与发展组织"，以"大力推动本国的国防研究，并确保私营部门有效参与国防技术"。此外，印度中央政府为了使"国防研究与发展组织"能够有效运作，成立了以国防部长为主席的国防技术委员会，推动"国防研究与发展组织"管理的项目能够得到及时践行，其中诸多武器系统得到了快速部署并产生了显著的技术优势，取得了一定程度的成功。

表2-1 "国防研究与发展组织"下属的国防研究所

地址		机构名称
卡纳塔克邦	班加罗尔	航空发展机构（ADE）
		机载系统中心（CABS）
		人工智能与机器人中心（CAIR）
		国防航空电子研究机构（DARE）
		国防生物工程与电子医学实验室（DEBEL）
		燃气轮机研究所（GTRE）
		电子与雷达开发机构（LRDE）
		微波管研发中心（MTRDC）
		集成电路技术与应用研究学会（SITAR）
	吉德勒杜尔加	航空测试范围（ATR）
	迈索尔	国防食品研究实验室（DFRL）
特伦甘纳邦	海得拉巴	高级数值研究与分析小组（ANURAG）
		先进系统实验室（ASL）
		高能系统与科学中心（CHESS）
		国防电子研究实验室（DLRL）
		国防冶金研究实验室（DMRL）
		国防研究与发展实验室（DRDL）
		防空计划（PGAD）
		伊马拉特研究中心（RCI）- 导弹与战略
德里	德里国家首都辖区	爆炸物和环境安全中心（CFEES）
		国防生理学与联合科学研究所（DIPAS）
		国防心理研究所（DIPR）
		国防地形研究实验室（DTRL）
		核医学与相关科学研究所（INMAS）
		联合密码局（JCB）
		激光科技中心（LASTEC）
		固态物理实验室（SSPL）

地址		机构名称
马哈拉施特拉邦	浦那	军备研发机构（ARDE）
		高能材料研究实验室（HEMRL）
		研发机构（工程师）（R&DE（E））
	阿姆巴尔纳特	海军材料研究实验室（NMRL）
	艾哈迈德讷格尔	车辆研发机构（VRDE）
北阿坎德邦	德拉敦	国防电子应用实验室（DEAL）
		仪器研发机构（IRDE）
	赫尔德瓦	国防生物能源研究所（DIBER）
奥里萨邦	巴拉索尔	综合测试机构（ITR）－导弹与战略
		军备测试机构（PXE）
昌迪加尔	联邦直辖区	终端弹道研究实验室（TBRL）
		雪地作战及雪崩研究机构（SASE）
北方邦	阿格拉	空降投递研发机构（ADRDE）
	坎普尔	国防材料与储存研究与开发机构（DMSRDE）
泰米尔纳德邦	金奈	战车研发机构（CVRDE）
拉达克	列城	国防高海拔地区研究所（DIHAR）
拉贾斯坦邦	焦特布尔	国防实验室（DL）－战略伪装
中央邦	瓜廖尔	国防研发机构（DRDE）－生化武器
阿萨姆邦	提斯浦尔	国防研究实验室（DRL）－生物卫生
喀拉拉邦	科钦	海军物理与海洋学实验室（NPOL）－声呐
安得拉邦	维沙卡帕特南	海军科技实验室（NSTL）－水下武器
西孟加拉邦	加尔各答	科学分析小组（SAG）－通信安全

注：笔者根据 DRDO 官方网站整理所得（https://www.drdo.gov.in/）。

四、问题及反思

自印度建国以来，尼赫鲁政府着重于经济恢复与就业，虽然强调国防生产应当让位于国家建设的总体方向，但仍然在英国殖民遗产的基础上初步建立起了印度的军工体系，并实现了国防科研与生产的有序进行。但是，建国初期的印度军政精英似乎沉溺于外交胜利与优越的国际局势，面对唾手可得的军售与军援而日益丧失了独立自主的动力，如生产技术水平低下、生产设施落后、生产本土化成就不高，对外依赖相当严重，进口范围几乎涵盖国防工业生产的所有部门，尤其是高技术装备几乎是全部从西方国家（主要是英国与法国）购入。即使是布莱克特"两步走"计划中的"轻武器生产本土化"的目标，也仅仅是形式上的本土化，依然没有摆脱"武器组装厂"的尴尬地位，核心技术与关键零部件仍然是依赖进口，如坦克、卡车、拖拉机以及吉普车等零部件国产率非常之低，就连所需的特种钢、铝等原材料也全部来源于国外，至于说所谓的国产教练机，更是连基本的起落架都无法生产，更遑论制动系统、飞行仪表和电子设备等部件，印度军工所谓的"国产"仅仅是指最后的简单组装，在形式上与殖民期间的印度军工角色并无太大差异。

不可否认的是，外购的确是迅速建立国防力量的捷径，先进的军事装备和充足的武器供给可以在很短的时间内武装安全部队以维护国家主权，这对于一个领上广袤和军队人数规模庞大的印度而言极为重要。但是，一味地依靠进口会形成生产惯性与研发惰性，不仅无法跟上技术进步的新发展形势，也无法实现真正的国防工业自主。在"自给自足"的战略阶段，印度本寄望于依靠本土资源和能力生产国防所需的全部产品，但受限于制度和国防工业基础薄弱、研发投入有限，本土国防自给能力根本无法满足国防需要，只能通过从国外进口武器装备及其零部件来满足部队需求。"自我满足"下的"自给自足"假象形成了军事上的错觉，地区霸权野心膨胀的尼赫鲁政府对周边国家随即采取了领土蚕食的侵略扩张主义立场，而1962年的中印边境战争中印度的惨败则宣告了印度军工假象的阶段性破灭。

第二节 "自主"阶段：本土建设与特许生产并行

印度对于自身在 1962 年中印边境战争中的惨败刻骨铭心，这至今依然是其军政精英内心中无法祛除的阴影，这一方面对中印关系有负面影响，另一方面又是驱动印度在国防工业上不断自强的动力。印度中央政府清楚认识到，布莱克特之前所设置的军工产业"两步走"计划实现不了真正的军事装备自给自足，更无法满足印度的地缘政治野心和不断挑起的周边冲突，因而寻求"自立"与"自主"的国防发展战略就成为一种必然，促使印度尽快落实国防工业体系全面的现代化改革。因此，自"印中、印巴"两次战争爆发后的 20 世纪 60 年代起到 80 年代中期，尼赫鲁之后的国大党政府采取了"自主"（Self-Reliance）的发展策略，要求在加强国防工业现代化、本土化建设的同时，继续购买国外先进武器装备满足国防需要，重点强调通过特许生产引进国外先进技术，并以此促进本土国防工业的发展。对此，印度政府在国防预算和国防基础设施建设上都加大了财政倾斜，并利用有利的国际形势加强与军工强国的军事装备合作，引进技术在本土进行特许生产。当然，其中也出现了与最初目标的偏离，导致过度依赖国外技术及成品购买而在相当时期内丧失了军事装备自主研发的能力。

一、全面加强国防工业基础建设

1962 年中印边境战争之前的尼赫鲁政府，强调国防生产服务于国家经济建设，对于军工研发生产并没有给予足够的重视，更没有认识到依赖国外进口对于本国战斗力的削弱。因此，在 1962 年之前的国防预算在国内生产总值（GDP）中的占比不到 2%，且有相当部分是用于供养庞大的军队和军事装备进口。中印边境战争之后，尼赫鲁政府迅速将国防预算提高到占 GDP 的 2.4% 以上，在 1965 年的"第二次印巴战争"期间一度接近 GDP 的 4%。继任的英迪拉·甘地政府^①虽然对此有所调整，但国防预算在 GDP 的占比却始终维持在 3% 以上，甚至于 70 年代（第三次印巴战争之后）再度攀升到 3.5% 以上。1984 年英迪拉·甘地被刺身亡后，国内宗教民族矛盾日益尖锐，拉吉夫·甘地为了转移国内矛盾，试图在中印边境问题上进行新的军事冒险，因而军费再度高涨至 4% 以上，并一度创下了印度独立至今的军费最高占比。随着 1987 年中印边境的紧张局势通过外交妥善解决以及冷战的结束，印度军费也随之大幅回落，但仍然保持在 2.5% 以上的 GDP 占比。（详见图 2-3）

图 2-3　1960—2022 年印度军费在 GDP 中的占比趋势图

　　随着军费的激增，印度政府和国防部门立即着手国防工业基础设施建设，从具体措施上来看，主要在两个方面进行了集中强化：一方面，扩建并新建兵工厂，将私营企业改组收归国有。到 20 世纪 80 年代中期，印度新建立 11 家兵工厂和 3 家国防工业国有企业，重组成立印度斯坦航空有限公司（HAL），兵工厂增加到 35 家，国防公营企业增加到 8 家。另一

---

① 1964 年尼赫鲁去世后，拉尔·巴哈杜尔·夏斯特里与古尔扎里拉尔·南达短暂接任后，于 1966 年交棒给尼赫鲁女儿英迪拉·甘地。

方面，重视国防技术的自主研发，重点支持国防研究机构。印度国防部大幅增设国防研究与发展组织的研究所，包括航空学、电子学、军舰技术、材料、生命科学和工程设备等方面的研究机构。

二、引进国外技术实现特许生产

印度独立之后，一直与西方保持着密切联系与良好合作，这从尼赫鲁聘请英国科学家帕特里克·布莱克特担任军事顾问、与西方国家（联邦德国）联合研发 HF-24 "风神"战斗机便可见一斑。不仅如此，朝鲜战争后美国忌惮中国力量迅速崛起，试图利用中印两国领土争端制造矛盾，持续加大对印度的拉拢与扶持。但是，美国又不愿意看到印度主宰南亚次大陆，因而与巴基斯坦也保持着密切联系，以试图平衡印度的影响力，也是为了威慑印度的"友苏"倾向。但是，印度在第二次印巴战争后最终决定与苏联保持更为密切的联系，美国及西方世界也随之改变了对印度的政治军事立场，并采取了严厉的军事禁运等措施，而此时的苏印合作无论是主动选择还是被动需要都成为一种必然。

附 2-4：印度航空工业国产化的开启——HF-24 "风神"战斗机

HF-24 Marut（以下简称"风神"战机）是 1960 年代由印度斯坦航空有限公司（HAL）开发的一款多用途战斗机，德国人 Kurt Tank 为首席设计师。这是第一架印度与国外联合开发的喷气式飞机，也是当时亚洲第一架完成飞行测试并进入生产

图 2-4　HF-24 "风神"

阶段的喷气式战斗机。1961 年 6 月 17 日，该机型进行了首飞；1967 年 4 月 1 日，"风神"战斗机正式交付印度空军（IAF）。

印度共制造了 147 架"风神"战机，其中大部分服役于印度空军（IAF）。虽然最初设想将其作为一架有拦截能力的战斗机，但它实际上主要用于地面攻击任务。1971 年，"风神"战机参与了"第三次印巴战争"，尤其是参加了著名的"朗齐瓦拉战役"（Battle of Longewala）。但随后由于西方的禁运以及设计师 Kurt Tank 届满离任，零部件大量依赖进口的"风神"战机无论是产量和质量都出现明显下降，至 20 世纪 80 年代后期逐渐被淘汰。

图 2-5　特许生产的印度版米格 -21

随着印度与苏联双边关系的不断升温，两国于 1962 年签订一揽子军贸协议，印度得到当时技术水平一流的米格 -21 战斗机（见图 2-5）特许生产权。自此，特许生产成为印度国防工业在这一时期的特点，有人因此称其为"特许生产时期"，苏联也迅速成为印度主要武器供应国。特许生产的武器系统主要有米格 -21 战斗机、"美洲豹"纵深突防攻击机、"多尼尔"Do-228 运输机、SS11 反坦克导弹、"米兰"反坦克导弹、Leander 级护卫舰、T-72 主战坦克、BMP1 步兵战车等。这一阶段，特许生产、从国外直接采购在印度武器装备供应中占主导地位，且主要依靠苏联。印度海军陆续引进了"塔尔瓦尔"级导弹护卫舰、209 级潜艇、"基洛"级潜艇、"维克拉马蒂亚"号航空母舰（原俄罗斯"戈尔什科夫海军上将"号航空母舰）等舰艇。到 1980 年，印度 70% 的军事装备来源于苏联。到冷战结束时，印度 100% 的地面防空系统、75% 的战斗机、60% 的地面攻击机、100% 的履带式装甲车、80% 的坦克、100% 的导弹驱逐舰、95% 的常规潜艇和 70% 的护卫舰来自苏联。

表 2-2　冷战结束前印度军事装备中"苏制武器"占比

陆军装备		海军装备		空军装备	
坦克	80%	护卫舰	70%	战斗机	75%
履带式装甲车	100%	常规潜艇	95%	地面攻击机	60%
地面防空系统	100%	导弹驱逐舰	100%		

三、自主研发能力陷"相对停滞"

这一时期，印度国防工业虽没有停止武器装备的设计和开发工作，但除少数几个项目开展较早并取得进展（如舰艇平台、坦克等）外，几乎没有重大的设计和研发活动，重点放在了特许生产和国外采购上。印度政府将绝大部分人力物力都投入国际合作，国际合作生产的武器装备囊括海陆空三军，几乎全部战斗机、攻击机和运输机、主战坦克及装甲车辆、军用舰艇、各类导弹及其配属装备都是源于国际合作的成果。

对比国际合作的成效斐然，印度国防工业自主生产水平相当落后，基本都是一些中低端技术产品，如轻武器、反坦克炮、迫击炮、高射炮、火箭弹、炸弹、手榴弹、地雷、运输车辆等。不仅款式落后，质量问题还层出不穷，各种故障让印军对自主国防工业产品抱怨不断。根据以上对比，有学者甚至认为印度本土国防工业生产，尤其是武器装备的自主研发水平出现了"30 年的停滞期"。印度国防工业在该时期中过于依赖特许生产与成品购买，其先进武器装备和技术主要依靠苏联供应，直接造成印度本土国防工业科研团队无法得到有效锻炼和提升，自研能力衰退严重。

第三节 "自强"阶段：军工产研本土化率的提高

20 世纪 80 年代中后期至今，印度政府全面推进国防工业本土化（Indigenization）战略，重点是开放国防工业，促进国外先进技术转化为本土生产力，以尽早实现国防工业自立。90 年代中期，印度政府开始推行军民融合，允许私营企业参与军品合同竞标。与此同时，从 80 年代后期到 90 年代初期的这段时间，世界形势发生急剧变化。苏联解体后，俄罗斯在南亚实行战略收缩，印度失去稳定且技术先进的外部军援；苏联侵略阿富汗战争后遗留的大量轻武器使南亚地区的违法犯罪和恐怖主义活动剧增；印度确信巴基斯坦正在秘密研制核武器。在此背景下，武器装备严重依赖外国越来越不适应印度称霸南亚、成为世界大国的战略目标。1993 年 10 月，国防部科学顾问阿卜杜勒·卡拉姆（A.P.J.Abdul Kalam）[①]领导的自立评估委员会制定了《国防系统自立十年计划》，规定将印度年度国

图 2-6 《国防系统自立十年计划》

防采购中本土自主产品的份额从 1993 年的 30% 提高到 2005 年的 70%。1999—2012 年，印度成立的 8 个委员会评估国防问题，都强调要加强国防工业本土化。2011 年，印度国防部发布《国防生产政策》，明确规定国防生产的首要目标是"尽早实现国防所需装备 / 武器系统 / 平台生产的实质性自立"。印度采取了一系列重要措施全面推进国防工业本土化进程。

---

① 制定《国防系统自立十年计划》的阿卜杜勒·卡拉姆是印度著名的导弹科学家，后担任印度共和国总统，是第一位当选印度总统的职业科学家。2012 年，阿卜杜勒·卡拉姆被北京大学邀请来华执教。

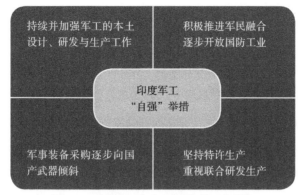

图 2-7 印度军工实现"自强"的四大举措

一、持续加强并完善既有国防工业体系

印度政府认识到"自力更生"是国家强大的最重要支撑，因而本土军工的设计、研发以及生产能力是国防体系的坚实基础。为此，印度开展了一系列本土设计研发项目，如坦克、新一代轻武器系统、轻型战斗机、无人机、航母、潜艇、核武器、导弹、C4ISR 系统[①]、机载告警与控制系统、网络中心战系统、未来士兵系统等，并取得多项重大突破。

这个阶段尤其要强调的是印度核武器的研发成功。早在印度还未独立的 1944 年，霍米·巴巴（Homi J. Bhabha）便联合当时著名的物理学家拉贾·拉曼拉（Raja Ramanna）制定了核武器的研究计划，同时成立了塔塔基础研究院作为核武研究的前期组织。印度独立之后，尼赫鲁总理领导的议会于 1948 年通过了《原子能法》（*The Atomic Energy Act*），全权委托霍米·巴巴推进印度的核武器研发计划，拒绝签署禁止核试验的协议。进入 20 世纪 50 年代后，印度政府不断加大对核武器的研发，到 1958 年

---

① C4ISR 系统，是指挥、控制、通信、计算机、情报及监视与侦察的英文单词的缩写。C4ISR 系统是现代军队的神经中枢，是兵力的倍增器。美国战略 C4ISR 系统是美国军事指挥当局作出重大战略决策以及战略部队的指挥员对其所属部队实施指挥控制、进行管理时所用的设备、器材、程序的总称，其以信息化作战平台为依托，是整个军事 C4ISR 系统的重要组成部分。

已有 1/3 的国防预算直接用于原子弹的研究，还在组织上分别成立了原子能部（DAE）和巴巴原子能研究中心（BARC）。与此同时，以美国、加拿大为代表的西方国家给予印度核能发展以充分的支持，向巴巴原子能研究中心提供了能生产"武器级钚"的 CIRUS 核反应堆。1962 年的古巴导弹危机和中印边境战争，使尼赫鲁政府虽然在短期内降低了对原子武器的发展，但却在战略上和意识上坚定了建立自主的"核威慑"力量，从而确保本国安全的决心。

附 2-5：印度核计划之父——霍米·巴巴

霍米·巴巴（Homi J. Bhabha）是印度核物理学家、被称为是"印度核计划之父"。印度核武器发展的两大基石：塔塔基础研究所院（TIFR）和特隆贝原子能机构（AEET）都是由霍米·巴巴所创办和主管，后者随后改名为"巴巴原子研究中心"以纪念他的突出贡献。

霍米·巴巴此前在英国开始了他的核物理学习和研究生涯，二战爆发后，战争促使他留在印度，并接受了印度科学研究所物理学研究职位。在此期间，他结识了国大党高级领导人、后来担任

图 2-8　霍米·巴巴的纪念邮票

印度第一任总理的贾瓦哈拉尔·尼赫鲁，并说服他在独立之初便启动了雄心勃勃的印度核计划。随后，他被尼赫鲁任命为印度核计划的总负责人，先后成立了塔塔基础研究院和特隆贝原子能机构，并在政府成立的"原子能部"中担任首任部长。

1966 年，霍米·巴巴因空难而丧生，但各方对于空难有着诸多质疑，其中怀疑是美国中情局暗杀的最多。2013 年，记者格雷戈里·道格拉斯（Gregory Douglas）将自己与美国前中情局特工罗伯特·克劳利（Robert Crowley）的四年交流内容整理成书稿《与乌鸦对话》（*Conversations with the Crow*）并出版，书中透露了罗伯特·克劳利曾暗示中央情报局应对暗杀霍米·巴巴负责，目的是试图中断印度的核计划。

与此同时，印度也加大了对核武载具——战术与弹道导弹的开发，并于 1982 年制定了"综合导弹发展计划"（The Integrated Guided Missile Development Programme，简称 IGMDP），该计划由国防部科学顾问阿卜杜勒·卡拉姆（A.P.J.Abdul Kalam）主持实施，并于 2008 年宣告额定导弹计划研发完成而项目终止。早在 20 世纪 80 年代初，国防研究与发展实验室（DRDL）便已经基于苏联的援助技术在航空火箭、导弹、导航以及先进材料等领域获得了一定的进展，时任印度总理的英迪拉·甘地决定整合这些技术以形成体系优势，这也就催生了"综合导弹发展计划"的诞生。该导弹研发计划原先设定为五型导弹同时推进，分别是：

短程地对地导弹（代号 Prithvi）
短程地对空导弹（代号 Trishul）
中程地对空导弹（代号 Akash）
第三代反坦克导弹（代号 Nag）
远程弹道导弹（代号 Agni）

在研发的过程中，"烈火"导弹（Agni）[1]原先被设想为一种"再入飞行器"，后来升级为具有不同射程的弹道导弹，并随着技术的不断成熟与进步，"烈火"最终定位为洲际导弹与核武载具的发展目标。自 1989年第一枚"烈火"导弹成功试射至今，目前已研发 7 型导弹，成为印度最重要的战略性威慑武器。

---

[1]　"烈火"（梵语：अग्नि，Agni）一词源于印度教和吠陀教的火神阿耆尼，负责掌管祭祀之火和战争之火，象征着火焰永恒不灭的奇迹。

表 2-3　印度"烈火"系列导弹

型号	类型	射程
烈火 -I	中程弹道导弹（MRBM）	700—1200 公里
烈火 -P	中程弹道导弹（MRBM）	1000—2000 公里
烈火 -II	中程弹道导弹（MRBM）	2000—3500 公里
烈火 -III	中远程弹道导弹（IRBM）	3000—5000 公里
烈火 -IV	中远程弹道导弹（IRBM）	3500—4000 公里
烈火 -V	洲际弹道导弹（ICBM）	5000—8000 公里
烈火 -VI	洲际弹道导弹（ICBM）	11000—12000 公里

二、渐次开放国防工业以推动军民融合

印度政府深刻认识到国防工业存在着投入大、效率低、创新能力差等诸多问题，但体系内部弊端是积重难返，而且利益集团林立，如果仅仅是依靠内部的自我革新是很难实现军工体系跨越式发展的。在这样的情况之下，只有推动军民融合，将国防产业向社会资本进行开放，才可以真正地产生"鲶鱼效应"，既实现了军工体系的改革，同时也促进国家整体工业水平的进步。

因此，进入 21 世纪后，印度中央政府决心破除国营单位对国防工业的垄断，允许社会资本参与到军工产品的研发设计与生产维护。2001 年，印度政府规定，自 2002 年 1 月起，国防工业向本国及外国的社会资本开放，私营企业和外商可以有条件地被允许进入到军工市场。其中，本国私营企业在经受相关部门的认可，并获取国防工业许可证后便可 100% 地参与到军事装备的设计研发、生产以及采购之中；外国资本虽然也需要接受相关部门的认可，但在军工企业中的直接投资股份不得超过 26%，且需要定期接受安全审查。

在随后的 10 年间，印度政府已经向国内私营企业发放"国防工业许可证"累计达 181 份，而私营资本进入国防工业后所产生的实际效能也得到了各方的认可。2011 年，印度政府为了进一步加速军民融合的进程，颁布了《国防生产政策》，把为私营企业创造有利环境以及增强中、小、微型私营企业国防生产本土化潜力列为重要目标。由此，印度国防工业体系逐步形成了以国营单位为主、私营企业为辅的格局。私营军工企业的产品已占据印度国防工业生产的一定份额，军民结合、公私结合的状况得到了促进，国防工业体制改革取得进展，整体国防工业水平提高。

三、进一步扩大本土军事装备采购比例

随着印度国产武器从数量和质量的不断提升，国防部门逐步转向重视采购本土产武器。自 1992 年国防部出台《国防采购程序》以来，该程序已修改 9 次，越来越重视对本土产武器装备的采购。在第一版的《国防采购程序》（1992 年）中，采购类别在单一"购买"的基础上，先后增加了"购买并通过技术转让制造""购买并制造（印度）""制造"三类；2013 年版进一步分为"购买（印度）""制造""购买和制造（印度）""购买并通过技术转让制造""购买（全球）"五类，并把采购本土研发的武器置于优先位置。在 2020 年的《国防采购程序》中，印度国防部门本着加速武器装备采购、刺激印度经济发展的原则，对军事采购流程进行了合理简化，"此举将有助于提高采购效率，实现采购与后勤保障两个部门的无缝对接"：其一，首次允许租赁武器装备。"印度国防工业"网站注意到，印度国防部史上首次在《国防采购程序》中允许印军从友好国家租赁部分武器装备。尽管这种现象早已有之，但从未被列入国防预算。新程序草案确认，租赁将成为印军在采购和制造之外获取武器装备的重要方式，可大幅减少直接购买武器和技术所带来的高昂费用。其二，强调本土化生产。《国防采购程序》对"购买"进行重新定义，印军采购的外国武器装备应在印

度国内生产，并部分使用该国设计的零部件，这类武器装备的总占比将达50%，比上个5年提高了10个百分点。在最新的2022年版《国防采购程序》中，通过了一项开创性举措，批准印度陆军、海军和空军通过防务卓越创新计划（iDEX）从中小微企业或初创企业处采购14项价值38.043亿印度卢比的物品。国防采购委员会还批准了通过防务卓越创新计划从中小微企业或初创企业处采购的新简化程序，将加快采购速度。按照新程序，从必要性评估到合同签署的采购周期约为22周。该程序将合并进入《2022年国防采办程序》。国防采购委员会还按照类似防务卓越创新计划的程序批准了制造Ⅱ类项目的简化程序，并将大大减少制造Ⅱ项目从原型开发到合同签署所需的时间。

此外，2005年印度还实施了国防补偿政策，即"购买（全球）"和"购买并通过技术转让制造"类采购合同价值在30亿卢比以上的，外商至少要以合同价值的30%作补偿，用以购买印度的产品和服务，或投资印度工业基础设施。此后，国防补偿政策经过多次修改，补偿的范围、数量更明确，方式更加多样，对补偿合同履行情况的监管进一步加强。

四、坚持"特许生产"与"联合生产"并重

在坚持特许生产的同时，更重视联合研发和联合生产。1988年，印度与俄罗斯签订政府间协议，成立合资公司联合研制"布拉莫斯"超音速导弹；2007年，印度与俄罗斯又签订两个政府间协议，联合开发生产多用途运输机和第五代战斗机。此外，印度还与以色列、法国开展多个项目合作，如与以色列联合研制远程地对空导弹和中程地对空导弹，与法国联合开发和生产短程地对空导弹。印俄联合研制的"布拉莫斯"超音速巡航导弹已经装备印度军队，双方正在联合研制"布拉莫斯-Ⅱ"高超音速巡航导弹。

附 2-6：印俄联合研发的超音速巡航导弹——布拉莫斯

"布拉莫斯"是一种中程隐身冲压喷气式超音速巡航导弹，可以从潜艇、船舶、飞机或陆地发射，是世界上速度最快的超音速巡航导弹。该导弹的高超音速版本"布拉莫斯-II"目前也在开发中，速度为 7-8 马赫，预计它将在 2024 年准备好进行测试。[①]

"布拉莫斯"，其英文名字为 BrahMos，由印度布拉马普特拉河（Brahmaputra，该河上游是中国的雅鲁藏布江）和俄罗斯莫斯科河（Moscow）两个英文单词缩写组合而成，标志着印俄两国之间的友谊，

图 2-9 布拉莫斯导弹

隐含着"既有布拉马普特拉河狂放的一面，又有莫斯科河优雅的一面"之寓意。

"布拉莫斯"导弹虽然为印俄联合研发，实际上是基于俄罗斯"白玛瑙/宝石"反舰导弹的基础上所设计，核心技术都是由俄罗斯单方面提供。该型导弹采用梭镖式气动布局外形设计，弹身表层涂有印度自行研制生产的雷达吸波涂料，可增强导弹的隐身性能，最大程度地躲避雷达的搜索探测，降低被敌方雷达发现的概率。动力系统采用固体火箭助推器+冲压喷气发动机。其新式小型整体式冲压喷气发动机是印度 HAL 公司自行研制的。导弹采用主动雷达+GPS 和卫星导航制导方式。导弹在飞行末段下降到 10 米左右，贴近海平面并作蛇形机动弹道飞行，以躲避敌方拦截。[②]

---

① 受俄乌战争形势的影响，BrahMos-II 的预计测试时间可能要大幅延后。

② T. S. Subramanian, "BrahMos tested in steep-dive mode," *The Hindu*, March 22, 2018. https://frontline.thehindu.com/other/article30167722.ece. 访问日期：2022 年 5 月 7 日。

第四节 印度军工发展进程中存在的问题

鉴于印度的安全环境和战略目标，本土国防工业是印度的一个重要目标。印度拥有庞大且不断增长的国防预算和悠久的国防工业生产历史。然而，该国仍然严重依赖武器进口，尤其是主要武器平台的进口，而其自身的出口却极其微薄。尽管已经建立了几个高级别委员会来解决国防工业本土化问题，但实际的举措及成效则是远弗人意，部分原因是印度在试图改革其国防工业时面临许多具体困难：市场经济的规则不适用；质量、成本和时间框架的理想目标不能同时实现；国防预算仍然容易被削减；国防供应链的性质正在发生变化；对国外技术消化与吸收能力较差。此外，主要利益相关者也面临着自己的挑战：印度强大的国防公共部门面临不同集团的利益冲突，抵制变革；武装部队提出不切实际的质量要求；国防部缺乏专业化；财政部不鼓励长期支出；政治领导层缺乏专业知识，囿于政治/宗教窠臼而不愿做出符合切实利益的决定。

一、军工规模庞大但缺乏独立体系

印度长期以来一直保持较高的国防工业投入。经过 60 多年的建设，其军事工业发展取得了巨大进步，已经成为发展中国家中仅次于中国和巴西的第三大武器生产国。

（一）国防军事工业体系庞大

印度已经建立了规模庞大、门类比较齐全的军事工业体系，拥有设计、开发、生产从普通武器装备到高技术武器装备的能力，成为发展中国家中军事工业复合体最大的国家之一。印度已经具备一定的军事工业自主研发能力，尤其是在弹道导弹研制和空天技术等特定领域，技术水平世界领先。常规武器的制造方面，通过技术引进和许可制造，也已经实现了较大进展。

印度国防工业体系主要是由国防部国防生产局所属的国营企业、研究机构以及一些新兴的私营企业组成，其中国营企业和研究机构居绝对主导地位，拥有员工近 24 万名。印度国防工业国营企业包括兵工厂和国防公营企业，其产量占国防制造业总产量的 90%。

兵工厂是印度从事国防生产最庞大、最古老的企业，共计 41 家，现有员工近 12.5 万名。兵工厂主要生产轻武器、弹药、车辆、服装，以及通用补给品和装备等。根据主产品和使用的技术，印度兵工厂可分为五大类，弹药类（10 家），武器、运输车辆和器材类（10 家），材料和零部件类（9 家），装甲车辆类（5 家），军械设备类（5 家），另有 2 家新建企业。20 世纪以来，兵工厂的产量和销售额总体上不断增加，其产量和销售额分别从 2002-2003 财年的 791 亿卢比和 651 亿卢比增加到 2010-2011 财年的 1539 亿卢比和 1121.5 亿卢比。兵工厂主要客户是陆海空三军，其 80%~85% 的产品销售给三军，其中陆军占 82%，是兵工厂最大的客户。

国防公营企业共有 9 家，现有员工超过 8.1 万名。国防公营企业属于公司实体，其中 6 家为国有全资公司、3 家为国家控股公司。与兵工厂相比，国防公营企业拥有更大的财务自由和经营自由，规模更大，主要从事高技术产品生产，如航空航天产品、电子产品和军舰等，其产值占印度国防企业总产值的 63%，2002—2012 年其产值年复合增长率为 14%。其中印度斯坦航空有限公司是最大的国防公营企业，其年产值和销售额占整个国防公营企业的一半以上。

（二）国防工业基础整体薄弱

尽管印度军事工业发展取得了巨大进步，但总体上看并没有实现自立的目标，除了弹道导弹等特定领域技术水平较先进以外，国防所需武器装备仍主要依赖进口，国防军事工业发展很慢，自主创新能力不强，行业结构不合理，传统武器生产严重过剩，高技术武器装备生产薄弱，引进后消化能力又严重不足，表现出很强的对外依赖性。很多评论家认为印度至今不能称为完全意义上的军事大国，关键理由就是印度至今未能形成独立的、完整的国防军事工业体系。

自 2007 年起，印度购买武器的数量始终高居世界榜首。大量外购带来了深层次的问题：一方面，大笔军费用于购买，维护保养的份额就会相应减少，导致印军坠机、撞舰、火灾等事故频仍，装备完好率低。2015 年3 月，印度国防部长帕里卡尔（Manohar Parrikar）表示，只有一半苏 –30MKI 战斗机处于可用状态，潜艇数量也处于历史低谷。另一方面，印度国防工业的发展步履维艰。能生产核武器，制造的冲锋枪却饱受诟病；能生产坦克，榴弹炮却得不到保证；能发射火星探测器，自研的战机连本国空军都不愿装备。

（三）依赖进口与独立性欠缺

本国国防工业整体上的虚弱导致军队大部分武器来源于外国。根据瑞典斯德哥尔摩国际和平研究所发布的多份报告，印度经常位列武器进口国第一的榜首位置。报告提到，印度的国防工业基础仍处于非常初级的阶段，该国武装力量 65% 的需求都需要依赖进口。该机构发布的报告指出，从 2013—2017 年，印度从全球进口了 12% 的武器。在 2008—2012 年和2013—2017 年这两个时间段之间，印度武器进口增长了 24%。印度是全球主要武器进口国，紧随其后的有沙特阿拉伯、埃及等国。印度武器进口国主要为俄罗斯（62%）、美国（15%）和以色列（11%）。美国对印度军售正不断加大。

对印度国防工业自立的程度存在不同看法，源于各方所采用的数据资料和使用的计算方法不同。斯德哥尔摩国际和平研究所统计数据显示，2008—2012 年，印度是世界最大的常规武器进口国，其武器进口量占全球武器进口量的 12%，与 2003—2007 年相比增长了 59%。不过，对印度国防工业自立的程度存在不同的看法，尤其是印度本国的研究人员。2012 年4 月，印度国防研究与发展组织主席萨拉斯瓦特（V.K.Saraswat）在向印度议会提交的报告中指出，印度国防工业自立已达到40%~50%；2013年1月，他根据印度经济分析局的评估将自立指数修正为55%。印度国防分析专家巴拉钱德兰（G.Balachandran）则认为，2001—2008年印度国防工业自立就已达到55%。然而，一些权威人士和机构认为，印度国防工业自立远未达到这一程度。2009年7月，印度国防部长安东尼（A.K.Antony）在议会回答询问时承认印度武装部队的武器装备70%靠进口，并称这是"丢人的、危险的"。伦敦国际战略研究所在其《2010年军事平衡》中指出，印度国防工业每年得到约21%的国防采购预算，不到20亿美元，"超过70%的武器装备靠进口"。

二、个别领域处于世界领先地位

某些特定的领域跻身于世界武器生产大国行列，分别是航天、航空以及导弹等领域。

（一）航天工业处于世界领先水平

空间技术领域是印度国防工业最大的亮点，处于世界领先水平。印度空间研究组织（ISRO）是执行印度航天计划的主要机构之一。该组织创建于1972年，共雇佣约2万名员工，从事与航天和空间科学有关的研究。

该组织从1973年开始研发航天运载火箭，已成功研发四种型号的运载火箭：卫星运载火箭（SLV3）、加大推力卫星运载火箭（ASLV）、极轨卫星运载火箭（PSLV）、地球同步运载火箭（GSLV）。2017年2月15日，ISRO在该国南部萨迪什·达万航天中心成功发射一箭104星，是迄今人类单次发射卫星数量最多的一次。

1994年印度成功进行ASLV-D4加长型卫星运载火箭的发射，将一颗科学卫星送入太空；1999年5月，印度完成首次"一箭三星"发射，标志着火箭技术逐步成熟。2001年4月，印度地球静止卫星运载火箭（GSLV）-D1发射成功，该火箭配备了印度自主研发的低温火箭发动机，将1颗重达

1540 公斤的试验通信卫星顺利送入地球同步轨道。2002 年 2 月，印度成功进行自主研发的低温火箭发动机热试车的试验。该发动机主要用于近地轨道卫星的火箭发射，说明印度已基本掌握低温火箭技术，这是载人航天工程的关键项目。印度于 2007 年 1 月 10 日将 1 个返回式太空舱与 3 颗卫星用"一箭多星"技术同时送上了太空，该太空舱在飞行 13 天后成功返回。这一成功发射，标志着印度的载人航天工程取得阶段性成功。2008 年 10 月 22 日，印度用极轨卫星运载火箭将印度首个月球探测器"月船 1 号"发射升空。2013 年 11 月 5 日，印度用一枚极地卫星运载火箭将印度首个月火星探测器发射升空。

印度航天工业在军事领域的应用速度也很快。2001 年 10 月，印度首颗军用侦察卫星的发射获得成功，使印度成为世界第五个拥有军用侦察卫星的国家。该卫星图像分辨率达 1 米，覆盖面积达全球 60%。印度计划由 6 颗卫星组成侦察卫星网，并使图像采集分辨精度达 0.5 米。这些成就表明，印度在航天工业的自主研发方面已经具备相当强的实力，某些技术已达到世界先进水平。

（二）航空工业具备一定的自主研发能力

从俄罗斯购买的 50 架苏 –30MKI 战斗轰炸机构成印度空军在 21 世纪中坚力量。20 世纪 90 年代印度在米格 –27M 战斗轰炸机和米格 –29 战斗机的仿制项目上获得成功。LCA 战斗机研发项目是印度自主研制开发的第一种高性能战斗机，由印度斯坦航空公司负责。由于印度航空科技研发水平的限制，项目研发进程缓慢。从 20 世纪 80 年代该型战机正式立项开始，到 2018 年底获得印度空军的全面最终作战许可（FOC）并进入批量生产为止，LCA 项目跨度已达 30 余年，至今仍未服役。LCA 战斗机的设计初衷是印度想让其成为米格 –21 和 Ajeet 战斗机的后继型战斗机。这款战斗机是单座单发全天候超音速第三代战斗机，主要任务是抢夺制空权，近距离支援。最大起飞重量 13.5 吨，最大飞行速度是 1.6 马赫，具有一定的隐身能力。

LCA 战斗机的零件有四成从其他国家进口，包括核心部位飞机发动机。

目前印度启动 3 个第五代战斗机项目。印度空军 2010 年发布对 AMCA 隐身先进中型战斗机的战术技术需求。AMCA 项目由印度航空发展局（ADA）负责总体设计研发，印度斯坦航空公司（HAL）负责生产，计划 2032 年实现首飞，定位于中型多用途隐身五代机，主要用于执行对地攻击、轰炸、空中拦截等任务。研发 AMCA 的目的是用该机填补 LCA 轻型战斗机和苏 -30MKI 重型战斗机之间的空白。目前气动设计工作已经接近完成，即将进入原型机设计研发阶段。AMCA 将是一种双发隐身战斗机，将广泛采用隐身技术以对付敌雷达探测。今后 AMCA 还将配备先进的航电系统，并具备超声速巡航能力。还可携带多种先进机载武器，包括目前印度正在研制的"阿斯特拉"（Astra）中程空对空导弹，以及各种防区外精确制导武器。AMCA 将是世界第一种中型隐身战斗机，其重量只有 20 吨左右。AMCA 主要用来满足空军需求，但印度也在考虑发展改型供海军使用。

第二个第五代战斗机项目是印俄联合 FGFA（苏 -57）项目，目标是制造 127 架变隐身战斗机（印度的苏霍伊 T-50 战机）。2010 年 12 月，双方达成价值 2.95 亿美元的初步合同。目前双方尚未签订最终研发合同。项目正因为印度空军怀疑其隐身能力、发动机性能、高成本和交付时间，而处于不确定状态。最终的研发和生产合同至今处于起步阶段。在印度制造 127 架这样的单座喷气式飞机需要 250 亿美元左右。

继以上 2 个项目后，印度第三个第五代隐身战机开发项目可能是 Mark.2 RV。印度希望在 LCA 基础上，围绕 LCA 战机，进行 Mark.2 RV 第五代隐身战斗机研发计划。

（三）导弹工业技术谱系相对完备

印度从 1983 年开始实施"综合导弹发展计划"，印度国防研究和发展组织共研制 5 种导弹，即："大地"车载机动近程弹道导弹、"烈火"

中程弹道导弹、"特里苏尔"（Trishul）中程中低空防空导弹、"阿卡什"（"蓝天"）近程低空防空导弹和"毒蛇"反坦克导弹。其中两种弹道导弹具有投掷核弹头的能力。

1994年印度成功试射射程1500公里的"烈火-1"型导弹。1999年4月11日试射"烈火-2"型导弹。2007年4月12日成功试射"烈火-3"（射程3500公里）。2018年12月23日成功试射"烈火-4"中远程弹道导弹。这是"烈火-4"的第7次试验。"烈火-4"射程4000公里，具备携带核弹头能力，能自动校正飞行中的误差并将导弹引向目标。印军目前已装备4种"烈火"系列导弹，包括射程700公里的"烈火-1"、射程2000公里的"烈火-2"以及射程2500至3500公里的"烈火-3"和"烈火-4"导弹。2012年4月19日、2016年12月26日、2018年1月18日、2018年6月3日，印度多次成功发射"烈火-5"洲际导弹。"烈火-5"射程超过5000公里，可携带1000千克核武器，是印度目前射程最远、飞行速度最快的导弹，可用同一导弹发射多个核弹头。该型导弹还可改装，用来发射小卫星，击落在轨卫星。与以前四代"烈火"系列导弹不同，"烈火-5"能够进行公路机动发射。印度正在研究射程达1万公里并可以从潜艇发射的"烈火-6"导弹。

印度自行研制的"阿卡什"地空导弹2015年正式在陆军服役。"阿卡什"可击中25公里范围内直升机、战斗机和无人机。"阿卡什"将部署于印度西部边界线。陆军最初计划设立2个"阿卡什"团（包括数百枚导弹），下设6个导弹中队，整体耗资约3亿美元。印度计划把俄制SA-10防空系统与自主研制的"阿卡什"地空导弹相整合，构成一体化陆军防空网。

（四）装备引进在本地许可制造取得进展

印度特许生产的武器系统主要有T-90S主战坦克、T-72主战坦克、BMP1步兵战车、米格-21战斗机、"美洲豹"纵深突防攻击机、多尼尔Do-228运输机、SS11反坦导弹、"米兰"反坦克导弹、Leander级护卫舰等。2006 年，俄罗斯许可印度本土生产 1000 辆 T-90S 主战坦克，于 2009 年开始生产。截至 2015 年底，印度许可授权生产 T-90S 主战坦克 290 辆。另外，根据两国在 2013 年合同，印度也获得许可生产俄罗斯 9M119M "殷钢" 125 毫米反坦克导弹，合同价值 4.74 亿美元，共为印度提供 2.5 万枚反坦克导弹，其中 1.5 万枚在印度生产，1 万枚由俄罗斯交付。印度计划许可生产 149 辆 BMP-2 步兵战车，拟议的交易价值 1.41 亿美元。

目前，印度正在积极推进总价值超过 542 亿美元的 6 个大型军工项目。这些项目包括第五代战斗机、海军新一代隐形潜艇多用途直升机、轻型多用途直升机、扫雷舰艇和步兵作战车等。另一个 "印度制造" 的主要项目 "全球采购信息请求"，计划建成 114 架单引擎战斗机的第二条生产线。其中，第五代战斗机项目目标是制造 127 架隐身战斗机，价值 250 亿美元。继续还是放弃这个项目，将由印度最高层进行政治决策。海军新一代隐形潜艇多用途直升机项目目标是制造 123 架反潜机，价值 30 亿美元。2008 年批准购买 16 架直升机，2017 年 8 月发布了全球采购申请。轻型多用途直升机项目目标是制造 200 架 Kamov-226T 轻型直升机，价值 650 亿卢比。2015 年 12 月已与俄罗斯达成协议。目前已经成立合资企业，尚未达成最终合同。扫雷舰艇项目目标是制造 12 艘军舰，价值 3200 亿卢比。海军自 2005 年 6 月开始寻求采购。与采购商未签订合同。PROJECT-75 印度潜艇项目目标是制造 6 艘新隐形潜艇，价值 7000 亿卢比。2007 年 12 月批准。4 家外国供应商于 2017 年 7 月回应，印度方面还未作出选择。步兵作战车目标是制造 2314 辆装甲作战车，价值 6000 亿美元。2009 年 10 月批准。至今进展缓慢。除了军工厂委员会外，多家印度私营企业正因设计、建造原型等问题争论不休。

第三章

印度军民融合的体制框架与战略规划

从 20 世纪 90 年代中期以来，印度不再强调军民分离，确立了"国防建设与国民经济并重、优先考虑国防需求"的方针，开始建立和健全军民结合型的国防工业管理体制。

第一节 印度军工部门的组织结构与管理制度

印度内阁政务委员会是印度最高国防决策机构，全面负责国防问题，制定国防政策，讨论并审定重大军事、政治和外交政策问题。在内阁政务委员会领导下，印度有内阁级国防计划委员会、国防部采办委员会负责军民融合相关事务。国防部具体办事机构为国防生产局。

一、国防科研机构

（一）国防计划委员会

印度莫迪政府 2018 年设立新的内阁一级设常设机构——"国防计划

委员会"（DPC），是印度国防战略架构的重大变革，由国家安全顾问担任主席，负责推动印度的军事与国家安全战略，且纳入财政部官员以加速军备采购，负责向最高当局提出政策建议，审查国防年度计划执行情况和重要方案。

国防计划委员会的成员包括总理办公室主任及国防部、财政部和外交部的次长，还有参谋长联席委员会主席等。委员会分为政策与战略、战力规划与发展、国防外交和国防制造生态系统4个小组，撰写包括国家安全战略、国际国防接触战略、建立国防制造生态系统、促进国防出口及优先战力发展计划等报告，完成报告后并送交国防部长参考。

2018年4月，国防部赋予国防计划委员会"全面"规划的职能。不仅关注军事理论来应对新的安全挑战，负责起草国家安全战略和学说草案，参与起草国际国防战略草案，还将制定促进国防出口战略，并优先考虑军队的能力发展规划。国防计划委员会向国防部长提交报告草案，随后将根据需要获得批准。国防计划委员会还将分析和评估所有与国防规划和外交政策相关的资源投入，除了关注国防采购和基础设施建设计划外，还包括15年长期发展远景规划。委员会还将聚焦印度国防工业和技术进步的发展。国防计划委员会将通过多个小组委员会管理具体的问题。由于国防计划委员会纳入总理办公室、财政部和国防部，在指导军备采购时，将可加速采购流程。

2018年5月3日，印度国防计划委员会举行第一次会议，讨论加快武装力量现代化和为国家制定安全战略的方法。出席该次国防规划委员会会议的成员包括三军参谋长，国防部长桑杰·米特拉（Sanjay Mitera），财政支出部长阿贾伊·纳拉扬·贾哈（Ajay Nayara Jaha）、外交部长维杰·戈卡莱（Vijay Gokde）和印度武装力量司令部发言人萨蒂什·杜瓦（Satish Dua）。

国防部和三军分别设立计划小组，负责各部门和本军种计划的制定和检查。国防部还设有"国防计划协调执行委员会"，具体负责审查和监督国防规划计划方案，帮助协调落实。

（二）国防采办委员会

国防采办委员会是印度国防部的最高采办决策机构。印度武器装备的外购、研制、生产制造等均由国防采购委员会会议批准。该委员会负责修订《国防采购程序》（DPP），从而明确军事采购应该遵守的原则和流程。例如，最新版《国防采购程序》要求在大型军事采购中优先考虑本国国营和私营企业。

目前，印度国防部部长西塔拉曼（Nirmala Sitharaman）每两周主持一次国防采购委员会会议，审查各个项目推进情况，以打破官僚主义等僵局。除了把国防采购程序中的"本土设计、开发和制造"类别作为首要任务之外，印度还通过"战略伙伴关系"和其他政策，采取一些步骤来提高私营部门在国防生产中的作用。

例如，2018 年 8 月 25 日，由国防部部长西塔拉曼领导的国防采办委员会为三军种批准了近 4600 亿美元的国防采购。2018 年 6 月 28 日，印度国防采购委员会最终批准采购俄罗斯 S-400 "凯旋"防空导弹系统。

（三）国防部国防生产局

印度军工生产主要由国防部进行领导和管理。国防部下设国防生产局，主要负责军工生产计划的整体制定，负责武器装备标准的制定，并监督生产计划的执行情况和生产任务的进度。

印度国防部于 1962 年 11 月成立国防生产局，负责武器装备的研究、开发和生产，领导国防工业的生产。1965 年 9 月，国防部成立国防供应局，负责国防所需进口替代计划的制定和落实，加强民用工业部门与国防工业生产部门之间的联系。印度国防部 1984 年对国防工业部门进行调整，将负责军工生产的国防生产局与负责进口武器装备及其零部件仿制的国防供应局合并成一个机构——国防生产及供应局，属于国防部常设机构，2004年该局更名为国防生产局。

国防生产局下辖各类国防工业生产组织与执行机构。其下辖的供应处主要组织民用企业进行国产设备的生产和进口装备的仿制，并负责从私营企业订购相关国防装备事宜。国防生产局另一个重要的下辖机构是兵工厂委员会。该委员会负责人是兵工总监。兵工总监通过下设的助理对各个兵工厂进行管理。至 1990 年，该委员会下辖兵工厂已增至 40 家，有职工 28 万人。目前兵工厂已达 41 家。

下属的其他各专业职能小组成员由军方与民用企业的代表组成，行使监督军品市场的运行情况、为具体开发项目查明资源、协调军工与民用企业之间的合作关系等职能。

（四）国防部国防研究与开发局

印度国防部还在 1980 年成立了国防研究与开发局，统一管理国防研发机构，以加强国防研发工作。国防研究与开发局管理的一个重要的军工科研单位是印度国防研究与发展组织（DRDO）。

由于 DRDO 规模庞大，其首脑身兼三职，即国防研究与开发局局长、DRDO 主席以及国防部长科学顾问三个相互关联的职位。这使得国防研究与开发局和国防研究与发展组织基本成为一个单位。

（五）新设军民融合的机构

除了国防部相关机构以外，印度军民融合的其他相关机构还包括政府相关部门、印度工业联合会（CII）、印度国防制造商协会（SIDM）、印度工商联合会（FICCI）等。

印度工业政策和促进局负责向印度企业颁发国防生产许可证，用于授权生产防务产品。该部门还负责促进和增加外资投资项目。该局上级机构为印度工商部。

内政部（MHA）负责颁发小型武器和弹药的生产许可证。

印度工业联合会成立于 112 年前，是一个非政府非营利、由工业界自行管理的组织，在印度的经济发展中起主动性的作用，是印度的商业领袖协会，有来自私有和国有企业的直接会员 6500 多家，包括中小企业和跨国公司等。来自 350 个国家性和地区性协会的间接会员达到了 9 万家公司。其工作宗旨是：通过咨询与顾问服务，联合工业界与政府的力量，建立并维持一个有益于印度工业发展的理想环境。

印度工商联合会成立于 1927 年，有 500 多家地区与行业商会成员，代表印度 25 万家公司，这些公司总雇员约有 2000 万人。该联合会与 74 个国家和地区建立了联合商务委员会（JBC），在中国、美国、英国、新加坡、马来西亚等设有办事处。该会还接待过赫鲁晓夫、普京、艾森豪威尔、克林顿等大国政要。该联合会与中国有密切联系，1985 年与中国国际贸易促进委员会签订合作备忘录，建立双边联合商业委员会。

二、国防采购制度

（一）相关法律法规

印度有关政府采购的机构和法律框架从根本上源自该国宪法，宪法将印度联邦的行政权力都授予印度总统。总统根据其命令以及印度政府发布的各项法令，将财政权授予该国财政部。根据 1949 年发布、2005 年修订的总财政法，这些权力逐级授予了财政部下属机关。

印度是一个联邦制国家，没有规范政府采购的专门中央立法，没有全国性的政府采购政策，中央层级、各邦（包括联邦区）、中央各类公共事业单位（CPSUs）、国有企业甚至国防部与铁道部都有各自的采购法令、采购指南及相应的立法体系。各邦政府都有自己的财政条令，这些条令根据《总财政法》的大致原则制定。广义的法令和指令包含在 2005 年《总财政法》和《财政权授权法》（DFPR）中，更广义的法律框架还包含在 1872 年《合同法》、1930 年的《货物出售法》《仲裁及限制法》以及最近 2005 年的《信息权法》内。一些邦甚至引进了专门的政府采购法，如泰米尔纳德邦和卡纳塔克邦。此外，印度还针对不同领域的采购有单独法律，如国防采购需要遵照国防部颁布的国防采购手册执行，中央政府部门则需通过中央物资局进行采购。

《总财政法》（GFR）由印度财政部拟定。该法规定了一般财政管理和政府采购程序的基本原则。该法第六章所含各条涉及货物和服务采购，第八章强调合同管理，所有政府采购行为都必须严格遵守 GFR 中规定的各项原则。《有关货物采购程序之政策手册》规定了货物采购方面的指导原则。

宪法指定总检查和审计署（CAG）监督联邦和各邦的财政账户，向印度议会各院呈报关于联邦账户的报告。关于各邦账户的报告则呈报给各邦立法会的相应立法机构，这些报告也包括采购项目。各邦议会账目委员会（PAC）、其常委会和账目立法委员会监督财政行政权力的执行效果。为保证印度各级政府的透明度，该国成立了地方政府本地基金审计所。各地审计所的报告会呈递给各邦立法会议。

有关腐败的投诉和中央政府的行政监察工作由中央监察委员会实施，这是根据 2003 年《中央监察法》建立的法定机关。作为联合国反腐败公约的签字国，印度还保证致力参与"对腐败零容忍"行动。

（二）采购指南

根据《总财政法》规定的普遍原则衍生出的各类采购政策和法律框架的重要目标，是保证负责、可计量、效率和经济性。这些政策还确保透明、公平、给各供应商平等待遇以及保证促进公共采购领域的竞争等。根据 2006 年《货物采购程序和政策手册》的规定，任何公共采购，无论是购置特定品质的货物还是服务，都必须遵守在公平、公正和透明基础上的价格最具竞争力原则。

相关政府机关邀请招投标的目的是采购货物和服务。希望参与竞争的供应商，包括外国公司，到供应和分发局长处进行集中登记，提交投标书，同意提供具备所需专业要素的商品。代表外国制造商或代理商直接报价的印度公司，也需要向相应机关注册登记，以便递交投标文书。

采购管理最重要的领域之一是对收到的投标文书进行评价。整个评价过程以及合同授予必须透明。采购办公室必须对接收到的投标文书进行摘要并做比较陈述，然后才能接受投标。所有投标者都必须根据邀请招投标的公告所列项目和条件进行逐一评估。在投标评估环节，不能加入新的条件和要求，保证没有投标者享受不公正的待遇。

如果投标审查的过程中发现任何细微的不正式、不规则的地方，采购办公室都可能宣布投标无效，即便这不影响其他投标者。然而，所有这些同意投标或者投标无效的决定都必须由相应的招标机关加以确认。详细审查环节结束后，投标文件都被整合进一个整体报告，按照报价顺序倒序排列，这样，各个投标者的位次及其相对财务状况就一目了然了。

在授予最低报价投标者合同之前，采购组织必须确认其价格是合理的。这可以通过对比最近同类采购项目的合同价格、目前市场价格、原材料价格、从各种资料获得竞争性供应商的收据以及所用原材料的数量等来决定。

在与成功中标的投标者签订单之前，后者接到书面通知：其投标已经被接受，要在指定时间内做出供应执行保证。提交了投标书的任何单个供应商都可以进行投诉，投诉内容可以是程序不合法，或者是招投标详审等操作过程中发生的任何不合法行为。

（三）电子化采购规定

2012 年 3 月，印度中央政府开始实施电子化采购制度，中央政府、中央公共部门企业在采购价值 100 万印度卢比以上的工程、货物或服务时，必须通过电子化采购程序购买。同时，为进一步推进电子化采购进程，确保能够通过这一路径最大限额地售出中央政府合同，印度 2015 年 4 月将电子化采购门槛限额降至 50 万印度卢比，并在 2016 年 4 月进一步将门槛降至 20 万印度卢比。采购实体可在涉及保密需要、国家安全等方面选择退出电子化采购程序。

为了能够参与中央政府采购项目，投标者需要在中央政府电子化采购门户网站进行注册，获得电子签名及电子代码。此外，供应商在递交标书时必须按照制定的格式提交电子文档。

印度在开发建设电子化采购系统上还有着很长的路要走，电子化采购是增加采购过程透明度的重要手段，由于印度的政府采购较为分散，难免在中央层面上出现形式各异的电子化采购系统。

（四）国防采办程序

印度国防采办主要由国防部《国防采办程序》（DPP）及其支持指南和国防采办手册（DPM）构成。

1. 每隔 2 至 3 年更新《国防采办程序》

国防采办是一个复杂的决策过程，需要努力平衡快速采购和发展本土国防工业的竞争性要求，并遵守透明、公正和公共责任的最高标准。《国防采购程序》根据执行现行程序所获得的经验和反馈而编制，全面总结印度国防采购部门的实践经验，广泛采用印度国内外国防工业界的反馈信息，目的是加速决策过程、简化合同和财务规定、建立由印度国营和私营国防工业部门参与的公平竞争市场。

印度国防部于 2001 年建起新的国防采购机构和系统，对 1992 年版《国防采办程序》完成全面审查，2002 年 12 月颁布修订版《国防采办程序》，并分别在 2003、2005、2006、2008 、2009 、2011、2013、2016 年进行多次修正扩展，最新的是 2016 年版《国防采办程序》。

经过多年的制定与修改，国防部《国防采办程序》已经日臻成熟。国防采购的类别已从仅仅"购买"类别，扩大到"购买与通过技术转让制造""购买与印度制造"和"制造"程序。

2.《2008 年国防采办程序》突出采购程序的透明性

《2008 年国防采办程序》的特点是更快地采购武器、系统和平台，并保证更大的透明度，目的是促进印度的本土国防工业，通过夯实厂商基础鼓励竞争，在财力范围内为军队提供高质量、高可靠性的服务。时任国防部部长安东尼（A. K. Anthony）表示，印度需要一套与民主政治相对应的防务系统与平台采购的程序，而且必须保持透明性。他在谈到《2008年国防采办程序》时表示，颁布该文件的目的是希望打造一支高度现代化的武装部队，能快速响应，并能应对任何挑战。

3.《2011年国防采办程序》鼓励私营造船工业企业参与竞争

《2011年国防采办程序》针对造船具有的复杂性，修订第三章关于造船程序的内容，新增一节专门论述以竞争为基础的造船指导方针。目的是鼓励印度私营造船工业企业都来参与竞争印度国防合同。这些指导方针将为印度造船厂提供公平竞争市场，促进印度造船行业本国化和自力更生发展。

补偿政策指导方针的范围已经扩大到包括符合补偿义务条件的产品，以及服务范围内的民用航天、国内安全和培训等方面。符合条件的补偿清单现在包括民用航天的绝大多数方面，包括固定翼和旋转翼飞机、飞机机身、喷气式发动机、飞机部件、航空电子设备、飞机设计与工程服务、航空器材、技术出版物、飞行培训机构和技术培训机构等。范围广泛的反恐武器和服务已经列入"国内安全"产品清单。这些变化将给参与印度国防采购的供应商提供范围更广的补偿机会，鼓励印度在重要装备领域增强本国制造能力。

4.《2013年国防采购程序》强调为私营公司提供公平竞争的环境

《2013年国防采购程序》强调为国内私营公司提供公平竞争的环境。国防采购程序提出一系列改革方案，旨在消除有国外防务公司参与的国防产品采购过程中屡禁不止的腐败丑闻。希望能够终结印度40个国有兵工委员会（OFB）和9家公有国防企业（DPSU）的垄断局面。与私营公司不同，上述国有单位获得了大量税收和进口关税方面的优惠。

5. 《2016 年国防采办程序》突出加速采购印度国产武器

《2016 年国防采办程序》突出加速采购印度国产武器。印度国防部长帕里卡尔（Manohar Parrikar）说，新政策"将对'印度制造'再施助力。新的《国防采办程序》政策将优先考虑"印度国内设计、发展和制造的武器装备"（IDDM 项目）。要被认定为 IDDM 项目，要求武器装备有 40% 以上的部分是印度国内设计和生产的；或者其中 60% 在印度制造。新政策重新制定了评估采购武器的优先顺序：自主研发（IDDM）最优先；购买国货（本国研制率低于 IDDM）排第二；又买又造（购买外国技术，国产化率较高）排第三；买了再造（购买外国技术，国产化率较低）排第四；单纯进口（购买国外产品）排最后。此外，印度还要求即使纯粹对外购买的武器装备，也要求外国中标公司转让一部分技术，在印度设立维护保养设施。帕里卡尔称，政府将宣布允许私营防务公司作为战略合作伙伴加入重大防务项目。

6. 在 2020 年发布新版《国防采办程序》

印度国防部已经成立一个新的国防委员会，审查《国防采办程序》和《国防采办手册》（DPM）。印度政府在 2020 年 3 月份发布一套新的《国防采办程序》，重构现行国防采办程序，以简化采办流程。该委员会的职责是"修改和调整程序，以确保从装备采购到全寿命周期支持的无缝衔接"。另一个优先事项是在政府的"印度制造"倡议下，加强本土的国防生产。国防部表示，期望更新的《国防采办程序》能够加速国防采购，并引入新的采购概念，如全寿命周期成本法等。

三、国防生产政策

为了实现国防装备设计、研制和生产的高度独立自主，印度国防部2011 年 1 月发布印度历史上第一份《国防生产政策》（*Defence Production Policy*，DPrP）文件。该文件把为私营企业创造有利环境以及增强中、小、微型私营企业国防生产本土化潜力列为重要目标。

印度时任国防部部长安东尼在发布该文件时说，这份文件是在广泛征询印度三军、海岸警卫队、综合国防参谋部、国防研究与开发组织（DRDO）和各行业协会的意见后出台的。

文件的内容要点包括：在国防采办中优先选择本国实体（企业和机构）；鼓励私有部门更多地参与国防装备的设计、研制和生产；使高校和科研院所发挥更大的作用；采用渐进的方式研制复杂装备；设立独立的资金，以支持国有部门和私有部门、大型企业，以及中小型企业（SME）、高校和科研院所的研发活动等。

由于该文件规定优先选择本国企业，因此印军所需要的各种装备、弹药和设备，只要本国有可能在军方所要求的时间内完成研制生产，印军就应当选择本国企业和机构；只有在本国没有能力提供时，印军才须依照《国防采办程序》（DPP）文件的有关规定向国外购买。另一方面，今后在审查国防项目时，国防部将首先对比向国外购买和从国内获得两种途径各自所需要的时间，并确定项目的紧迫性和必要性，再决定是否向国外购买。

根据《国防生产政策》的指导，以及已获批准的2012—2027年《长期综合远景计划》（LTIPP）的规定，今后需要10年及以上研制时间的武器系统、平台和设备，基本上都将由印度国内研制。对于某些子系统，如果印度国内生产不够经济或不切实际，则可能会从国外进口，但子系统的设计和它与平台的集成将尽可能放在印度国内完成。

文件鼓励印度私有部门更广泛地参与国防装备的设计、研制和制造，并称对于任何已经或可能对印度国防工业与国外企业竞争带来不利影响的问题，政府都将积极主动地予以解决。文件鼓励印度国有机构和企业与私有部门采取组建财团、建立合资企业和建立伙伴关系等政府政策框架许可的"一切可行途径"来加强协作。

文件提出，今后印度国防部部长将针对国防装备独立自主研制生产进展，每年举行一次评审。印度政府将进一步根据《国防采办程序》的"制造"简化程序，通过国有和私人企业，推动所需要的国防产品的本土设计和开发。制定国防产品质量要求的三军司令部将在全过程进行尽职调查，确保在国内开发的国防产品能够提供有竞争力的产品。鼓励国有军工企业、兵工厂委员会和私人资本加强研发制造能力。政府将向包括中小企业在内的军工企业提供专项资金，以保障国防产品的研发活动。

（一）外包和供应商发展指南

为促进私营企业特别是中小型企业参与国防制造，印度制定了"国防公共事业部门和印度兵工厂委员会的外包和供应商发展指南"，并经网络公布。该指南规定，每个国防公共事业部门和印度兵工厂委员会要有一个短期和长期的外包和供应商发展计划，以便逐渐提高私营企业（包括中小型企业）参与外包的比率。指南还包括了替代进口的供应商发展规定。

国防公共部门事业（DPSU）和军工厂（OFB）增加的全面外包和供应商开发指南将促进私营企业（特别是中小微企业）参与国防制造。印度航空有限公司（HAL）、国防公共部门事业、军工厂、陆军、空军和海军的本土化需求也在国防部网站上公示，以便私营企业查看。

（二）国防补偿政策

2005年印度实施国防补偿政策，即"购买（全球）"和"购买并通过技术转让制造"类采购合同价值在30亿卢比（含30亿卢比）以上的，外商至少要以合同价值的30%作为补偿，用以购买印度的产品和服务，或投资印度工业基础设施。此后，国防补偿政策经过多次修改，补偿的范围、数量更明确，方式更加多样，对补偿合同履行情况的监管进一步加强。国防补偿政策的落实尽管一开始进展缓慢，但近些年来进展较快。自2005年以来，印度本土公司与外国公司签订的补偿合同总价值超过45亿美元（2500亿卢比），其中约43亿美元合同是2007年以后签订的。

简化"国防补偿政策"的实施过程。《2016年国防采办程序》调整了强制性补偿限额。以往海外公司参加"印度制造"合作项目时，如果项目金额较大，被要求将一部分款项用于在印度投资。新的强制性补偿只在金额超过 2.96 亿美元的时候才启动，而此前只有 4500 万美元，这对于外国防务公司来说是有利的消息。

（三）扶持和促进私营企业参与国防制造的政府计划

印度国防部部长辛格呼吁私营企业参与国防制造，强调要逐步减少印度对外国国防制造商的依赖，增强印度国防领域自主研发的综合能力。辛格表示，印度正在努力提高私营企业参与国防领域建设的程度。辛格敦促私营企业通过政府的政策举措参与国防建设，促使印度国防公共部门事业（DPSU）和军工厂（OFB）满足本土化需求。他称，政府致力于解决任何悬而未决的问题，以发展印度本土的国防工业。他要求该行业不要期待任何短期回报，而是投资于长期收益。

辛格宣布，在综合了各利益相关方的意见，尤其是本土防务制造商的意见后做出决策，允许私营企业使用政府机构的试验设施，以满足国防制造所需的质量标准。他表示希望政府与企业协同作用，帮助印度在国防制造领域保持领先。

降低国内私营企业准入门槛。根据《工业发展和管理法案》（*Industries Development and Regulation Act*，*IDR*），国防产品清单已被修订。根据《工业发展和管理法案》进行的牌照改革降低了国防行业的进入门槛，放宽了对国内生产的限制，减少了制造商的准入壁垒。工业许可证的初始有效期已从 3 年延长至 15 年，并规定在个案基础上进一步延长 3 年。

截至 2018 年 2 月，印度工业政策和促进局已经向 210 家印度企业颁发了 348 份国防生产许可证，用于生产各种授权的防务产品。此外，内政部还发布了小型武器和弹药的生产许可证。政府已经减少了对国有军工企业巴拉特电子有限公司和印度贝姆勒公司的部分财政投入。目前，政府占上述两家公司的份额分别是 66.72% 和 54.03%。

国防卓越创新（iDEX）计划是2018年4月启动的一个"创新生态系统"。iDEX计划"旨在创建一个生态系统，促进国防和航空航天领域的创新和技术开发"。通过与行业、初创企业、创新者、研究机构和学术界接触，为他们提供奖金、资金及其他支持，以开展可能为满足印度国防和航空航天领域的未来需求而采用的研发工作。

国防研究与发展组织（DRDO）支持建立了技术发展基金（TDF）计划，旨在促进国防技术的自主创新，这是国防领域"印度制造"倡议的一部分。这项计划将鼓励公营/私营企业（特别是中小型企业）参与印度国防建设，从而建立一个行业生态系统，提升印度国防尖端科技的创新能力。

政府还修订外国直接投资政策。通过自动审批程序允许的外国投资比例上升到49%，政府基于不同情况可以批准超过49%的外国投资比例，期待给本国带来现代化、最先进的技术。莫迪政府促进国防领域"印度制造"的举措，而在当前政策下，通过既定路径能够引入的外国投资最高比例可以突破49%，最高可达100%。外国原始设备制造商在印度建立生产线。通过外国直接投资、合资企业或国防补偿路线，外国企业可以获得许多机会。

四、其他相关政策

印度军民融合除了涉及以上国防采办的相关政策以外，还有一些其他的相关政策，例如，国营企业股份制经营、强调私营企业进入军工领域等。

（一）改革国防公营企业的产权制度，提升国企活力

印度国防工业面临严重的问题：第一，军工业长期受国家保护，缺乏竞争，相对封闭且技术陈旧。第二，印度走的是购买引进、特许仿制、改造创新的发展之路，至今大量先进武器装备系统需要进口，表现出很强的对外依赖性。第三，印度虽然是计算机软件大国，但随着军地科技人员收入差距的拉大，军工业招募科技人才十分困难。这三个问题也成为推动印度实现军民融合发展的强劲理由。

印度政府改变过去对军工企业一包到底的做法，采取计划与市场并重、突出市场调节作用的做法，对经营不善的实行股份制改造，对于效益低下、运营状况不好的实行兼并重组甚至拍卖给私人经营。国防部明确规定：如果私营企业已具备某种军工生产能力，就不再在国有军工企业中重建这种能力。通过这些举措，节约了部分国防资源。

印度大力发展国防国有企业，以适应海军、空军对现代化高技术武器装备的需求。印度政府对国营国防工业进行运行机制和管理改革，进行了产权、经营自主权改革，并引进竞争机制等，完善国防公营企业的产权制度，有效提升国防工业企业的活力。

印度对兵工厂的产权结构进行了股份制改造，国营军工企业基本保留股份制经营形式。这些企业实行股份制，国家以贷款和入股形式投资。企业实行董事会领导下的经理负责制，自负盈亏并向国家上缴利润，自主进行产品开发，主要生产海空军需要的高技术武器和电子设备，也生产民用产品（民品比例占15%~50%）。例如，在9家国防公营企业中，巴拉特电子有限公司、巴拉特推土机有限公司和果阿造船有限公司为国有控股公司，国有股份分别为75.86%、53.87%和50.09%。政府占巴拉特电子有限公司和印度贝姆勒公司的份额分别是66.72%和54.03%。

这些企业除接受来自政府的贷款和入股投资外，还可以合同形式接受三军订货。各企业经营权较大，且拥有一定的独立设计和科研能力，能很好地实现军品与民品的共同生产且互不干扰。在有了更大自主生产权后，企业的生产积极性也得到了很大提高，盈利水平得到了增长。

（二）军民结合企业和私营企业进入军工生产领域

在印度国防工业的构架中，军工企业形成了以国营为主、私营军工企业为辅的格局。私营军工企业的产品已占据印度国防工业生产的一定份额，军民结合、公私结合的状况得到促进，国防工业体制改革取得一定成果，整体国防工业水平也有提高。

印度国防工业主要在 5 个方面取得成就：军民结合水平的进步；国防工业运行体制的改革；国防工业对外合作与交流的完善；自主研发高新装备方面的成果；对外国资本利用提升。

民用和军用企业相结合，可以充分地进行人力、物力和技术资源的调配，加快项目进程。印度利用本国在软件工程方面的优势，采取以民用技术为先导，待其民用技术成熟后转入军用研究的方式，带动整个电子产业的发展。特别是高功率远程警戒雷达，超低空探测雷达，高性能热成像仪，C3I 空中预警系统等项目都取得一定进展。让私营企业参与到军工生产中，能有效降低政府财政负担，印度国防研究发展局 1995 年首次给予179 家中小私营企业生产军品的资格，其生产范围涉及"大地"地地导弹和"烈火"中程导弹等重要项目。到 1999 年，在私营企业的参与下，印度特许仿制武器的国产化程度得到了一定程度的提高，在某些项目上已达到 70%~85% 的比例。

军民结合、公私结合的生产体系不仅便于双方都能有效对信息和产品进行相互交流和利用，也有利于节约国防费用：军事尖端技术装备由国营军工企业生产；军民两用装备可以利用招标方式由公私联合生产或只限私营企业生产；非军事和低端军事装备则可转给地方私营企业生产。

（三）规定私营企业可 100% 参与国防工业的经营

印度认为军工厂应致力于战略和毁灭性武器的生产，放弃可由民用企业生产的低技术装备。为了充分利用军工厂的技术能力制造现代化的非敏感设备，印度政府制定了将低技术项目分阶段向民用企业转产的计划。

印度进行国防工业改革，增加私营企业的份额，提升私营企业在国防工业中的地位。2001 年印度政府决定打破国企对国防工业的垄断，规定从2002 年 1 月起对私营企业和外商开放，私营企业可 100% 参与国防工业的经营，外国直接投资在国防企业的股份不得超过 26%，均需经许可并接受安全审查。2012 年 5 月，印度政府已向私营企业发放国防工业许可证／意向书 181 份。

印度积极吸引私营企业参与武器装备的发展，扩大本国的国防科技工业基础。为了鼓励私营企业参与国防工业，《2006 年国防采办程序》决定授予优秀私营国防企业冠军企业（Raksha Udyog Ratnas，RURs）称号，获此称号的私营国防企业将享受国有国防企业同等待遇。国防生产局 2006 年 5 月成立一个专家委员会，该委员会于次年 6 月向国防部提交报告，建议授予 13 家企业"冠军企业"称号，但该报告并未得到落实。

在政策的引导下，印度各大军工企业纷纷与私营中小企业签订开发生产零部件的合同，并向其提供一定资金、技术、原料上的援助。这样的互动体系既节约了大企业的外汇，节约出的资金可用于研发或引进更多的先进技术，又让中小企业得到了较快发展，提升了生产能力和生产经验。此外减少了国防基建和固定资产投资以及军工企业技术改造资金。

突出私营企业的作用，既能使国营企业更好地投入到关键武器的生产和研发，也刺激了私营企业的发展，节约了资金，有利于整个国防工业的发展，促使印度建立起军民结合，品类齐全的国防工业生产体系。

（四）加大对本土军工企业的扶持力度，促进武器装备国产化

任何一个国家都不可能依赖进口武器装备实现军事现代化。只有形成强大的国防工业实力，才能确保军队在战时获得有效的装备保障和补充，并在平时避免武器装备发展受制于人。尽管印度军队长期以来形成的对进口武器装备和引进技术的依赖情况不可能迅速改善，但印度政府已经开始采取有力措施，致力于提高本国国防工业的研发能力和生产能力，制定相关政策时均向本国企业倾斜，以提升印度国防工业实力。

印军武器装备素有"万国武器库"之称。印度独立 60 多年来，国防工业由于受到技术因素的困扰，武器装备的采购主要依赖进口来提升武器装备的质量。目前，印度陆军武器装备种类之繁杂、来源国家之多、维修费用之高，使军方高层头痛。为了降低对国外装备的依赖性，增加国产装备的比例，印度采取了如下措施。

其一，最新的国防采办政策加大了对国产武器装备的支持力度。2013年4月，印度国防部最高采办决策机构——国防采办委员会对《国防采办程序》做出修订，明确要求在大型军事采购中优先考虑本国国营和私营企业，"只在国内无法生产时才采购进口武器"，以减少对进口武器的依赖。根据修订后的法规，国防采办优先顺序分别为：采购纯印度国产装备；采购合资企业在印度国内联合生产、国外研发的装备；采购高技术复杂系统，或关键零部件在印度设计、开发、生产的装备；国外企业作为供应商，向印度企业提供生产许可证或允许国产化的装备；向国外直接采购。选择任何一种方式都必须说明没有采取优先级更高的方式的原因。

其二，限制外国企业在印度本土国防企业的投资比例不得超过26%。印度商务部曾经多次提议提高外国企业这一投资比例，但国防部坚持最高投资比例仍为26%。如果超出该比例，需要通过印度内阁安全委员会的批准。批准的依据是国防部认定会给印度带来先进技术。

其三，引进武器装备时大多要求获得技术转让或向印度企业提供生产许可证。印度国防部在招标时通常明确规定，必须获得技术转让或者在印度国内生产部分装备。例如，向俄罗斯采购 T-90S 主战坦克时，除直接引进 647 辆俄制 T-90S 坦克以外，另外 1000 辆坦克计划由印度本土企业阿瓦迪重型车辆厂以每年 100 辆的速度特许生产（实际生产远低于这一计划速度）；印度在实施枪械、无人机等装备采购计划时的做法也大致如此，即直接引进的装备只是需求量的少部分，大部分是通过技术引进在印度国内制造。在这种政策下，印度不仅引进了装备，还引进了技术，既有利于本国国防企业和技术人员加快学习、吸收先进技术，又有利于印度提高装备制造业水平。

其四，提高国防工业国际合作交流程度。在 20 世纪 90 年代以前印度国防工业的发展受苏联影响很大，国际交流与合作基本被苏联所囊括，印度军事装备基本"苏械化"。苏联解体后，印度政府意识到国防工业国际合作不能过分依赖某一国家，谋求与多国进行广泛的国防工业国际合作。印度于1991年成立了印美军事合作指导委员会，1993年又与俄罗斯签订了"印俄合作防务协定"与"印俄友好条约"。随后，印度又与马来西亚签订了防务协定。此外，印度还积极与英、法、以色列、南非等国家进行国际合作，获得了很大进展。

（五）私营企业和国有国防企业仍在不公平的环境中竞争

私营企业长期被排除在印度国防工业之外，直到2001年才被允许100%参与，但它们和国有国防企业仍处在不公平的政策环境中，其发展大受限制。在决定采购项目归类时，国防采办委员会主要听取国防研究与发展组织和国有国防企业的建议，而不考虑私营企业的意见。

《2013年国防采办程序》出台前，部队武器装备采购需求事先不向私营企业公布，在"购买并通过技术转让制造"类武器装备采购中，长期由国防采办委员会在国防公营企业和兵工厂中指定合作方。在税收方面，国防公营企业及其承包人可享受进口税、消费税、增值税减免优惠，而私营企业则不能享受这些优惠。正因如此，私营国防企业发展缓慢，在国防工业中的作用不大。2009年，私营国防企业营业额在国防企业总营业额中仅占10%，且多为二级和三级供应商。

印度国有国防企业按指令计划生产，技术主要依靠国防研究与发展组织，自身研究能力有限，也不愿投入财力进行科研。国防兵工厂几乎不从事研发活动，近一半国防公营企业没有研发投入。私营企业曾长期被排斥在国防工业之外，没有国防科研基础，加之国防科研投入大、见效慢、存在很大风险，它们也不敢贸然投入。2005-2006财年印度国有国防企业和私营企业研发投入仅52.2亿卢比，只有同财年国防研究与发展组织总支出的9.5%。正因如此，印度国防部部长安东尼曾呼吁："除少数几个领域外，至今私营企业和公营企业研发预算仍不足。必须放弃这种吝啬态度，增加投入。"

印度国防科研体制是自成一体的封闭体系，印度国防技术与装备的终端用户和制造商不能充分参与国防研究与开发组织这类重要研发机构的决策，私营业企业主不仅不能参与国防科研机构的决策，也不能共享其研发能力。此外，印度国防科研机构没有充分利用大学等教育机构雄厚的人力资源为国防科研服务，也没有采取有效措施激励私营业参与国防科研。

（六）印度国有企业继续主导国防生产

国防部部长什里帕德·奈克（Shripad Naik）于 2019 年 7 月 22 日答复议会称，国有军工企业（DPSU）和兵工厂（OFB）在 2016–2017 财年、2017–2018 财年和 2018–2019 财年的总产值分别达到 5525 亿卢比，5831 亿卢比和 5676 亿卢比。同期 3 年的基本建设采购资金分别为 6115 亿卢比、7273 亿卢比和 7575.2 亿卢比。在 3 个财年期间，国有军工企业和兵工厂承担 1.71 万亿印度卢比（247.9 亿美元）的生产任务，总产值相当于 2.17 万亿卢比总基本建设采购资金的 79%。

印度国防部将国有企业国防生产的优秀数据归因于近年来引入的一系列改革，这改革也使私营企业受益。这些措施包括 2016 年推出的"本土设计，开发和制造（IDDM）"采购类别。称这是"国防采购程序中最受欢迎的采购类别"。根据 IDDM 分类，本土设计的武器装备至少 40% 需要在本土采购。如果设备是在外国承包商的许可下制造的，则本土采购比例的要求上升到 60%。

在过去 3 个财年（2016–2019 财年）期间，政府已根据这些不同的国防采购类别，对 113 项价值 2.39 万亿卢比的采购提案给予"必要性评估"许可。根据《国防采购程序》，国防部在参考本土设计、开发和制造、本土采购、本土购买和制造、战略合作伙伴以及基本建设采购"制造"类别时，这些类别的信息征求书发给印度企业。国防部引用支持本土采购的其他采购类别包括本土采购（本土采购的比例至少占 40%），以及本土购买和制造，通过外国和本土制造商之间的合作伙伴关系支持协作生产。

国防部确定的其他改革包括：2018 年启动的"战略合作伙伴"政策，以支持本土生产主要平台，包括战斗机和潜艇；简化"制造"类程序，政府向承担制造项目的印度企业提供 90% 的开发成本，并将开发成本不超过 10 亿卢比（政府出资）和 3 亿卢比（企业出资）的项目优先保留给中小微企业；"制造–II"采购程序，旨在鼓励本地开发专门用于"进口替代和创新解决方案"的原型。

第二节 印度军工发展与军民融合的战略规划

一、近期规划："印度制造"战略

2014 年 9 月，莫迪政府提出"印度制造"行动，包括汽车、国防、电子、化工、航空等十几个行业领域均被列入"印度制造"，目的是将印度打造成全球制造业的中心。

（一）"印度制造"解除对私营企业的限制

推行"印度制造"是实现莫迪版"强军梦"的核心内容。在莫迪口号的背后，是印度国防项目停滞不前、制造业基础薄弱、官僚体制效率低下的现实。因此印度想要成为"制造大国"还有很长的路要走。

在 2017 年以前，由 50 家公司组成的公有国防企业系统和由 41 家工厂组成的兵工委员会是印度军队武器装备的重要来源，也是武器国产化的关键力量。然而，随着空军 LCA 战斗机、陆军"阿琼"坦克、海军"加尔各答"级防空驱逐舰项目的先后沦为"吞金巨兽"，印度国防工业的表现饱受批评。印度国防工业一直存在投入大产出少、自研武器性能质量较低等情况，在莫迪上任后，这一情况并没有得到明显改善。

印军少将拉杰什·辛格（Brajesh Singh）2014年撰文指出，印度国防工业基本上由国有兵工厂和公司组成。其在产品上形成了垄断，军方只能向它们订购产品，这不但导致兵工厂和国有企业自我满足、止步不前，还阻碍了私营部门进入国防生产领域。直到2001年，印度的国防工业才向私营企业开放，但限制仍然非常多。在印度自主生产的30%国防装备中（2014年数据，现在数据提升至35%），国营企业占了21%的份额，私营企业只占9%的份额。在大多数时候，拥有50个实验室的国防研究与发展组织都无法按预期提供所需的技术，该组织的很多重要项目耗费的时间和资金都大大超过了预期。

LCA战机项目一直遭受印度国内舆论的批评，拖沓的研制进程导致印度空军不得不继续向外国购买中型战机。印度国际关系研究委员会研究员萨米尔·帕蒂尔（Sarnir Paril）称，印度国有企业控制着绝大多数武器装备的生产，但缺乏开发新技术武器的能力。

（二）"战略合作伙伴"推动国防工业私营化改革

莫迪"无法容忍"这种状况，但受工业基础和技术水平的限制，军队武器现代化短期内仍需要引进外国武器或技术，在国有企业"不靠谱"的情况下，莫迪将目光转向私营企业。

印度财政部部长杰特雷（Arun Jaitley）在2017年5月推出名为"战略合作伙伴"的国防工业私营化改革计划，口号是"没有国家能够靠购买他国的武器赢得战争"。莫迪政府对该计划充满期待。杰特雷表示，该计划将在3年内使得印度军队在多数关键技术领域实现国产化。

根据改革政策，莫迪政府将创造有利于私营企业发挥积极作用的条件，降低门槛和准入制度，提高中小企业在本土化中的潜能。取得资质的印度私营企业可以与国际武器制造商合作，为印度军方提供战斗机、直升机、水面舰艇、潜艇等高精尖武器。

具体措施包括取消了消费税／关税中的特惠，在私营企业和国有企业之间建立公平竞争的关系。按照修改后的政策，所有印度企业（国有和私营）将征收同等的消费税和关税。《工业发展和管理法案》中工业许可证的初始有效期已经从 7 年延长到 15 年，并根据不同情况可额外延长 3 年。

"战略合作伙伴"模式的设想是，由印度的战略合作伙伴企业通过与国外原始设备制造商进行合作，获取关键技术并在印度建立生产设施并制造主要的防务平台。该设想的长期愿景是将印度建设成为国防制造中心，从而提高自给自足的能力，建立能够满足武装部队未来需求的国防工业和研发体系。合同签订后，将使私营企业和中小微企业成为主要利益相关者，促进在印度建设充满活力的国防工业体系。

莫迪的政策是大力扶持私营企业进入国防工业，并以市场换技术，吸引外国武器公司与本国企业合作生产武器，并强调技术转让或生产线转移。这样做的好处一是满足军队现代化装备需求；二是国有军工和私营企业平等竞争，"鞭挞"国有军工企业；三是引进外国技术可整体上提高印度国防工业水平，增加武器出口的份额，有一举三得的效果。

（三）印度军民融合面临的西方国家阻力

大规模的改革必然触动既得利益，前景也会伴随阻力和变数。2017 年 5 月，在杰特雷宣布国防工业私营化改革后不久，全印国防企业工会组织在全国范围内的 52 家工厂发起"停工一小时"抗议活动，反对印度政府将私有制竞争引入军事工业。"我们罢工不仅是为了保住自己的工作，更是为了国防事业的稳定。"但全印国防企业的罢工并没有改变国防工业私营化改革计划的推进。进入 2018 年，这种罢工抗议活动少了很多，国有企业正接受这一现实，并且制定相应措施，以增强竞争力。

国内改革可以靠行政力量推进，但以市场换技术的方式可能面临更多问题，过程将更加艰难。外国公司垂涎印度巨大的武器市场，但对技术转让或生产线转移却非常谨慎。国际评估机构认为，未来 10 年，印度武器市场估值约 1500 亿美元，但主要获益者仍将是外国企业。

为了替代老化的"米格-21"战斗机，印度空军多次向外国厂商发出邀请。对于上百亿美元的订单，各航空公司积极参与。美国洛·马公司和波音公司两大武器巨头 2017 年 9 月向印度军方投标，称愿意在印度设立战斗机生产线，但不愿放弃专有技术且不愿为瑕疵产品负责。

美国防务公司愿意在印度设立生产线以获得价值数十亿美元的交易，尽管和印度为合资伙伴，但希望可以持续保有对专有技术的控制，也不愿意为和印度企业合作所制造出的瑕疵产品负责。洛·马公司承诺印度订购百架 F-16 的话，可以将生产线从美国德州沃斯堡移到印度，成为全球唯一工厂。印度塔塔集团和美国洛·马公司 2017 年 6 月签署一项"史无前例"的协议，两国未来将合作生产 F-16 战斗机。美国波音公司也参与了印度海军航母舰载机的竞标，试图向印度出售 F/A-18"超级大黄蜂"战机。

但是，对于这次印度招标案中的新条款，美国武器公司对产品质量问题有疑虑。新条款中规定外国公司必须和印度制造商共同为瑕疵产品负责，但美国武器公司对印度制造商的经验有疑虑。这种疑虑并非毫无根据。苏联许可印度航空公司制造的"米格-21"战机已经坠毁 200 余架。坠毁案例中不少是因为采用了印度国内航空公司质量不佳的零部件。

西方军贸专家认为，转让武器技术或转移生产线并没有印度想象的那么容易。有的西方武器公司担心印度政府出不起价，因为"长期以来印度一直把最低报价作为选择武器商的关键标准"。美国助理国防部长帮办卡拉·阿伯克龙（Kara Abercrombie）2017 年表示，希望印度能与美国政府合作，确保印方军备采购不会因为最低报价问题而让美国公司出局。

即使是在印度建厂，有的武器商仍不放心，希望掌握新建工厂的主导权。空客公司工业发展副总裁阿谢锡·萨纳富（Asahi Sanafu）表示："转移技术、生产合格军品需要多年时间，要么让我们主导成为大股东，要么让印度人承担全部责任。因为项目一旦失败，就将付出数以亿计的高额损失。"他建议允许外国武器商最高可以持有多数股权，等印度本土合作方获得经验后再减少外方持股。但印度能否同意，尚没有定论。

若是没有充分的技术转让，即使私营化改革获得成功，私营企业未来只能沦为和过去国有企业一样将分解的武器零件组装，制造坦克和飞机也只能获得外国武器公司同意后才可以制造。

面对几十年建树很少的旧工业体系，莫迪政府需要更多耐心来等待私营化改革的成果，他需要通过各种措施，在改革和扩大对外开放中增强印度军工实力。

（四）国防工业私营化改革获得新兴武器贸易国支持

虽然与西方武器公司的合作需要排除不少障碍，但与新兴武器贸易国家的合作则比较顺利。韩国、以色列和巴西等新兴武器贸易国家为了扩大武器出口，在技术转让上比较开放，这对印度是机会。

2017年4月，印度与韩国签署6.46亿美元引进100门K-9自行榴弹炮的合同。2018年5月，首批10辆火炮下线并交付印度陆军，2020年前全部交付。该火炮的成功下线结束了印度陆军30余年未装备新型自行火炮的历史，对提升陆军实力有重要作用。

在印度生产的至少100门K-9榴弹炮中，超过50%的零部件在印度生产，印度按照许可证制造K-9榴弹炮的13个主要子系统，包括火控、弹药装填、炮口测速雷达和核生化三防系统等，最后与韩国企业提供的套件进行组装。

除了自行榴弹炮，印度还计划和韩国在两栖战舰、扫雷舰等领域进行合作。

在印度扩大军工对外合作背景下，以色列也将与印度企业合作生产武器，双方将在预警机、导弹、反导等领域继续合作。

改革已经在武器出口方面取得一些成果。莫迪在2018年4月举行的印度国际防务展开幕式上表示，印度将推进武器国产化进程，并向全世界出售武器。印度期待在未来几年中将武器出口规模提高至 20 亿美元。印度扩大武器出口的努力已经在东南亚和中东国家取得一些成绩。印度近年来迅速深化与越南的防务合作，在越南引进"基洛"级潜艇、苏-30MK2V 战斗机时，向越南提供人员培训和后勤支持。印度正向越南兜售"阿卡什"防空导弹、"布拉莫斯"反舰导弹和巡逻舰等武器。

（五）国防采购本土化的规模扩大

2018 年 8 月 26 日，由国防部部长西塔拉曼领导的国防采购委员会批准三军种总价值近 4600 亿美元的国防采购。其中包括批准印度海军 111 架直升机的国防采购案，价值 2100 亿印度卢比。这是基于国防部"战略合作伙伴"模式实施的第一项目，旨在为政府的"印度制造"计划提供重要支持。

印度海军几十年来一直存在多用途直升机严重缺乏的问题，但由于国防部复杂的采购程序，短期内无法摆脱这种困扰。目前，印度海军拥有 30 多架"海王"反潜直升机、10 架卡-28 反潜直升机、40 余架"猎豹"多用途直升机和 6 架"北极星"直升机。除了卡-28 反潜直升机和"北极星"直升机机龄较短之外，其他的直升机大部分是 20 世纪 80 年代引进的产品，服役时间接近 40 年，基本达到服役期限。

2018 年 8 月 26 日，印度政府批准海军购买 135 架军用直升机。按照标书要求，这些直升机须在印度制造，并选择与印度私营或国有企业合作。这 135 架的交易中包括 111 架多用途直升机和 24 架反潜直升机。多用途直升机采用合作生产方式，反潜直升机则全部由外国公司提供。从美国采购 24 架 MH-60R 反潜直升机将取代已经服役 30 多年的"海王"反潜直升机，合同总额达 18 亿美元。111 架多用途直升机中的 95 架多用途直升机将由印度企业组装，其余 16 架则由合作生产的外国公司提供，合同总额为 30 亿美元。印度海军已经向美国洛克希德·马丁和贝尔直升机公司、法国空客直升机公司和俄罗斯俄直公司发出邀标书。按照标书要求，这些直升机要在印度制造，要求外国投标公司选择与印度国内私营企业或国有企业进行合作。印度国防部将对印度本国制造商和外国合作公司的组合方式有最终决定权。

印度国防部官员称，此次招标海军直升机的目的就是增强印度直升机工业的实力。印度海军此前计划选择国产"北极星"直升机，但由于技术问题最终放弃。这次参与竞标的外国多用途直升机均须具备世界先进水平，若向印度转让相关技术，可提升印度直升机工业的技术水平。竞标将首先确定外国合作方，之后选定国内授权生产厂商。印度国内可能入选的厂商包括多个私营企业，如 L&T 公司、塔塔先进系统公司等。这是印度政府积极推广"印度制造"采购计划的一部分。法国空客直升机公司的NH-90 直升机将参与竞标。该直升机是一款具有世界先进水平 10 吨级多用途直升机。

国防采办委员会同时还批准了一些其他采购案，共计 2488 印度卢比，以进一步提升印度武装部队的现代化。其中包括为印度陆军采购 150 门本土设计和研发的 155 毫米先进牵引火炮，费用约为 336.5 亿卢比。这些装备由国防研究与发展组织设计研发，由该组织提名的企业制造。国防采办委员会还批准采购 14 个用于发射短程导弹的垂发系统，其中 10 个系统将在本国研发，这些系统将提高舰船对抗反舰导弹的自卫能力。

（六）私营企业开始制造大型武器

莫迪上台后，多个军购大项目都采用一种模式，即通过招标选择外国厂商，并要求全部转让技术或部分转让技术，国内国有企业和私营企业参与公平竞争，胜出者与外国公司合作生产武器，目的就是实现国防工业领域的"印度制造"。

在此以前，自行火炮这样的大型武器都是国企产品，私营企业不可能生产这类武器。然而，这一状况正在改变，在莫迪"印度制造"政策的引领下，越来越多的私营企业开始生产先进武器，不仅包括自行火炮，还有坦克、直升机，甚至战斗机也在规划之中。

（七）"印度制造"整体进展不大

期待从外购为主转向内外合作。截至 2017 年，在"印度制造"政策提出 3 年后，其在军工方面进展不大。原因主要为官僚瓶颈、程序烦琐、商业和技术风波，以及缺乏必要的政治推动和后续行动。

总价值超过 3.5 万亿卢比（约 542 亿美元）的 6 个大型军工项目，迄今仍卡在不同阶段未签订最终合同。这些项目包括步兵作战车、轻型多用途直升机、海军新一代隐形潜艇多用途直升机、扫雷舰艇和第五代战斗机等。而另一个"印度制造"的主要项目"全球采购信息请求"，计划建成 114 架单引擎战斗机的第二条生产线，也悬而未决。

武器装备大量依靠进口一直是印度军事变革的"痛点"。尽管历届政府均强调自主开发、自行生产，但受制于基础工业薄弱和利益集团杯葛，不得不选择长期外购这条道路。莫迪政府在权衡军队现代化需求与国防工业现状后，继续利用优越的战略环境，通过外购提升军队战力。这样使印度既维护了与俄罗斯的"传统盟友"关系，又与美国、日本、法国、以色列、韩国保持了良好的防务合作。莫迪政府同时大力推进"印度制造"，要求未来 10—12 年，实现至少一半武器装备国产化。继海军宣布《印度海军本土化计划 2015—2030 年》后，陆军、空军均发布各自的技术发展路线图，将模拟技术、智能武器、材料和加工技术、制导和控制技术、电子战系统、目标捕获技术、微电子技术等列为重点发展对象。为保障"印度制造"的顺利实施，莫迪政府出台了一系列改革和激励措施，甚至动用行政手段强制推行。但治标不治本，工业体系不健全、技术工人匮乏、行政能力弱等一系列痼疾短期难以改变。"印度制造"并非朝夕之功可成，想成为自给自足的军事强国，印度还有很长的路要走。

从战略上来说，印度仍远没有改变其对外国武器装备的依赖。有评论称，莫迪雄心勃勃地把国防工业作为"印度制造"的基石，但这个理想至今没有成为现实的迹象。

二、长期规划：2012—2027 年综合远景

印度的战略目标是称霸南亚，遏制中国，控制印度洋，争当世界军事大国。为实现这一战略目标，2013 年 4 月，印度国防采办委员会批准颁布《2012—2027 年长期综合远景规划》（long-term integrated perspective plan，LTIPP）。2013 年 6 月，印度国防部基于该规划制定并发布了《技术展望与路线图》。印度还为军队现代化建设制定了重大采办计划（SCAP）。

根据《2012—2027 年长期综合远景规划》，未来 11 年，印度需要 2330 亿美元购买武器装备，购买武器装备的费用是国家采购预算中的主要开支。为了实现这一目标，印度需要将国防开支的年增长率提高到 10% 以上。

2016-2017 财年，印度国防采购预算拨款为 379 亿美元，按卢比计算，拨款比上年增长 2.3%。但是，由于卢比兑美元的汇率下降，按美元计算，比其前一年的 421 亿美元的拨款降低了 10%。印度防务分析家尼廷·梅塔（Nitin Mehta）表示："从卢比持续贬值和过去两年近乎停滞的资金分配来看，LTIPP 提出将年增长率提高到 11% 以上，在未来 11 年内达到 2330 亿美元的目标很难实现。"

《2012—2027 年长期综合远景规划》列出采购清单中有 500 架直升机、12 艘潜艇、近 100 架单引擎战斗机以及 120 多架双引擎战斗机和 1 艘航空母舰。一些项目在等待国防部的财政拨款，其中包括购买 36 架法国阵风战机、购买 56 架空客 C-295 运输机、许可生产 226 架"卡莫夫"直升机、购买 145 架美国的超轻型榴弹炮、购买 100 门 155 毫米火炮、购买霍尼韦尔公司为英国建造的"捷豹"飞机的航空发动机供印度空军使用，国防采办委员会购买 5 套俄制 S-400 先进防空系统。

《2012—2027 年长期综合远景规划》要求军队在拟制作战计划时，必

须贯彻战略上先发制人的原则。陆军、海军、空三军据此提出各自计划，强化作战能力。

陆军突出火力和机动性。印度《陆军作战理论》强调以精确打击武器为主要常规火力，以坦克装甲车辆和武装直升机为主要突击兵器。2020年前列装3600门新型155毫米口径榴弹炮及1500辆T-90S坦克，取代目前14种不同口径的火炮及落后的T-72坦克。2015年，印度向美国购买22架"阿帕奇"直升机和15架"支努干"直升机。随后又与俄罗斯达成协议，合作生产200架卡-226直升机。

海军突出大型化和立体化。航母是维护广阔海域的首选，随着国产航母"维克兰特"号正式下水及与之配套的驱逐舰、护卫舰、潜艇陆续服役，加上"维拉特"号、"维克拉玛蒂亚"号，印度梦寐以求的三航母编队初具规模。"加尔各答"级驱逐舰、"什瓦里克"级护卫舰等新锐战舰使印度在体系上具备了区域防空能力。购买的8架P8-I远程巡逻机拥有先进的反潜能力。印度海军已成为一支兼具水面与水下能力，能够实施远洋作战的重要力量。

空军突出多用途和远程化。具有远程攻击能力、多用途的苏-30MKI，"阵风"等四代战斗机被列为首选主力战机。2017年前，印度为10个中队生产140架苏-30MKI。支援保障飞机方面，已经服役的C-130J、C-17运输机和计划购买的A330加油机、"鹰眼"预警机将大大延伸印军的战略空间，提高区域外作战能力。《印度空军现代化发展15年规划》勾勒了蓝图：到2022年，战术型空军将转变为能打陆、海、空和太空"四维"战争的战略型空军。

着力打造"三位一体"的战略体系。印度核武库的发展已远超"最低限度核威慑"的宣传口号，正逐步拥有陆基洲际导弹、战略核潜艇与战略轰炸机。"烈火-5"弹道导弹射程为5000公里，能覆盖整个亚洲和大部分欧洲。在研的"烈火-6"射程达8000~10000公里。首艘国产"歼敌者"

号攻击型核潜艇顺利海试，成功试射 K–15 型潜射弹道导弹。为了弥补空中投射力量的不足，印度计划从俄罗斯引进 4 架图 –22M3 战略轰炸机，航程 7000 公里。

月球、火星的成功探索，表明印度拥有先进洲际导弹所需的大负载、长距离及精确制导技术。印度拥有丰富的人才资源，网络战潜力很大。目前，印度已把成立网络司令部的计划提上日程。

第四章

印度军民融合的主体结构与发展进程

印度国防工业发展实行国有大型骨干军工厂与私营企业相结合的方针。国防工业体系主要由国防部国防生产局所属的国有企业、研究机构以及一些新兴的私营企业组成，已经拥有以 9 家大型国营军工公司、41 家兵工厂为骨干，50 个科研机构、大批小型私营民间企业为补充的、门类比较齐全的军品公司组成的国防工业体系。印度大型军工企业都是国营企业。国有企业和研究机构居国防工业体系绝对主导地位，拥有员工近 24 万名。国防部部长辛格（Rajnath Singh）2019 年 8 月表示，印度拥有庞大的国防工业基地，其中包括 9 个庞大的国防公共部门事业部（DPSU）、41 个军工厂（OFs）和 50 个专门的研发实验室以及国防研究与发展组织（DRDO）旗下的其他机构。此外，私营企业共有 70 多家持牌公司。他称，DPSU、OFB 和 DRDO 共有近 170 万名专职员工。

从结构组成上来看，国防工业由三部分组成，第一类是 41 家兵工厂，主要产品是坦克、弹药和轻武器及一般军需物资；第二类是 9 家大型国营国防企业，负责高精尖武器的生产，主要产品是飞机、舰艇、雷达以及各类导弹等复杂装备；第三类是私营国防企业，主要根据部队的订单生产各类军用物资。印政府为提高国有军工企业的效率，对旧的军工生产体制进行了大幅度调整，已基本形成军民结合、公私结合、门类齐全的国防工业生产体系。国家所属大中型军工企业主要从事高精尖武器的生产，将一些技术要求不高的军品项目交给私营企业生产。

从发展前景上来看，印度国防工业国有企业包括兵工厂和国防公营企业，其产量占国防制造业总产量的90%，2011–2012财年销售总额4105.8亿卢比。国防部部长辛格2019年8月在印度国防制造商协会（SIDM）年度大会上表示，根据"印度制造"计划，已经采取几项重要措施来改变现状，使印度不仅成为世界主要的武器制造中心，而且还是净国防商品出口国。辛格表示，国防工业已被确定为"印度制造"计划中最突出的部门之一。"一个印度规模和全球突出的国家不能依赖进口武器来执行其主权防御和外交政策。"

目前印度经济规模约为2.7万亿美元，其目标是到2024年达到5万亿美元，到2030年达到10万亿美元。在为这一增长做出贡献的几个经济部门中，军工业已被确定为"印度制造"政策中最突出的部门。印度在设想的国防工业政策中，已经明确规定到2025年实现260亿美元航空航天和其他军工产品的目标，其中包括投资近100亿美元，为200万~300万人创造就业机会。辛格表示，政府采取若干措施，鼓励私营企业在国防领域生产，包括简化工业许可程序，提高外国直接投资上限，简化国防补偿政策。

第一节 印度军民融合的参与主体

一、主要的国防公营企业

9大国营国防公营企业由印度国防部下辖的国防生产部直属，现有员工超过 8.1 万名。国防公营企业属于公司实体，其中 6 家为国有全资公司，3 家为国家控股公司。其中，巴拉特电子有限公司、巴拉特推土机有限公司和果阿造船有限公司为国有控股公司，国有股份分别为 75.86%、53.87% 和 50.09%。

与兵工厂相比，国防公营企业拥有更大的财务和经营自由，规模更大，主要从事高技术产品生产，如航空航天产品、电子产品和军舰等，其产值占印度国防工业总产值的 63%，2002—2012 财年其产值年复合增长率为 14%。其中印度斯坦航空有限公司是最大的国防公营企业，2010—2011 财年其产值和销售额占整个国防公营企业的一半以上。

（一）印度斯坦航空公司

印度斯坦航空公司（HAL）是九大国营企业之中最大的一家企业，也是印度唯一的航空制造公司，总部设在班加罗尔，下辖 12 个制造厂。产品涉及航空各个领域，包括飞机、发动机、直升机、辅助装置、航空电子以及卫星及其发射装置结构的研究、设计、开发、制造、维修以及翻修，也是主要的维修公司。1997 年，HAL 共有雇员 3.6 万多人，有 4000 多名高级技术员、科学家和工程师，年销售额达到 172.5 亿卢比。

HAL 业务范围：战斗机、教练机、商用飞机、直升机、航空发动机相关组件、飞机系统设备及电子设备。当前主要项目有：高级轻型直升机系列的生产、"美洲虎"产品、深远突防攻击机、"多米尔"Do–228、多用途飞机、轻型攻击直升机、升级型米格 21，米格 27M，以及苏 30MkI。正在开展的项目包括：中级喷气教练机、轻型侦察直升飞机、轻型攻击直升机；合作生产 ATR42 双发涡桨支线运输机、参与空客 A380 项目、研发多用途运输机（100 座）。

截至 2004 年，HAL 拥有 16 个产品生产和 9 个研发部门。产品包括 12 种在研飞机和 13 种已取得许可证的飞机。HAL 现已生产了 22 种型号的飞机，其中 13 种是仿制的、9 种是自行设计的。在 9 种自行设计的飞机中有5种是单活塞式发动机型的，仅有2种是喷气式飞机，技术水平不太高。

公司有以下分部：

拉克瑙配件分部的产品包括飞机、直升机以及发动机配套的液压装置、发动机燃料系统、空气压缩机、陀螺仪及大气压力仪器、电子系统、飞机起落架等，为美洲虎、米格、幻影2000、海鹞式战斗机生产配件，还为一些民机如道尼尔、高级轻型直升飞机（ALH）等生产配件。

航天分部生产极轨卫星运载火箭（PSLV）、地球同步卫星运载火箭（GSLV）、印度遥感卫星（IRS）以及印度卫星（INSAT）的轻合金结构，计划未来生产更大型的GSLV MK III结构。

纳西克飞机分部生产多种型号米格飞机，如米格21-M，米格-21BIS和米格-27M，此外检修米格系列飞机。

班加罗尔综合飞机分部致力于飞机研发的国产化及取得许可证。至2004年，该分部获得英国许可证生产2架"美洲虎"飞机。该分部拥有2121名职员，其中包括350名工程师。该分部已生产超过1500架不同类型飞机。

海德拉巴航电分部主要产品有：敌我识别系统、超高频通信设备、特/超高频通信系统、无线电罗盘、无线电高度表。

此外还有科尔瓦航电分部等。

印度斯坦航空公司虽然是印度最大的国防承包商、国防工业龙头企业，但生产管理水平并不高。20世纪90年代中期以来，印度空军约有70架作战飞机因"技术缺陷"失事，其中相当一部分是由印度斯坦航空公司组装或改造的。

（二）马扎冈船坞造船有限公司

马扎冈船坞造船有限公司位于孟买，是印度最大的造船企业，拥有超过1万名员工，业务涉及造船、机械和其他海洋工程设施等领域，可建造包括水面舰艇、潜艇、综合补给舰、油轮在内的各种常规船只，也是印度海军、海岸警卫队、印度石油天然气公司最主要的装备供应商。该公司建造了 2 艘 "加尔各答" 级隐身导弹驱逐舰、3 艘 "德里" 级导弹驱逐舰、3 艘 "什瓦里克" 级隐身导弹护卫舰、2 艘 "哥达瓦里" 级导弹护卫舰、2 艘 209/1500 型潜艇等，并对俄制 "辛杜拉克沙克" 号潜艇进行短期改装，还将负责 "鲉鱼" 级潜艇 31% 的建造工作，目前正在建造 4 艘 "维沙卡帕特兰" 级隐身导弹驱逐舰。

（三）印度斯坦船厂有限公司

印度斯坦船厂有限公司（HSL）总部位于东海岸维萨卡帕特南，主要为印度海军建造近海巡逻舰、为潜艇提供维护保养服务；目前正在为 "歼敌者" 号弹道导弹核潜艇加装装备。船厂在 1961 年国有化，2009 年公司管辖权由印度海运部转移到印度国防部。公司占地面积为 46.2 公顷。截至 2009 年，印度斯坦船厂有限公司已制造出 170 艘船只，并修复近 2000 艘船只。它可以建造散货船、近海巡逻舰、调查船、钻井船、海上平台及维修和支援船。

（四）加登里奇造船与工程有限公司

加登里奇造船与工程有限公司位于加尔各答。该公司建造了 3 艘 "布拉马普特拉" 级导弹护卫舰、2 艘 "马加尔" 级大型两栖坦克登陆舰、3 艘 "沙杜尔" 级大型坦克登陆舰、4 艘 "科拉" 级国产轻型护卫舰、2 艘 "卡马塔" 级反潜型轻型护卫舰，目前还在建造 2 艘 "卡马塔" 级反潜型轻型护卫舰。

（五）果阿造船有限公司

果阿造船有限公司国内项目包括为印度海军建造的 "圣河" 级近海巡逻舰、为印度海岸警卫队建造的 "坚定" 号近海巡逻舰。印度海军选择果阿造船厂为其建造 12 艘扫雷船，该项目将与外国合作伙伴共同完成，总价值 3300 亿印度卢比。

俄罗斯机械进出口集团和印度果阿造船厂签署 4 艘 "塔瓦尔" 护卫舰的合同，其中一部分是价值 12 亿美元的直接购买俄罗斯建造的 2 艘 "塔瓦尔" 护卫舰，另一部分是印度 5 亿美元购买技术支持，果阿造船有限公司将根据俄罗斯提供的技术在本国建造 2 艘新型 "塔瓦尔" 隐身导弹护卫舰。

届时印度将拥有 10 艘"塔瓦尔"导弹护卫舰。印度这次建造的"塔瓦尔"级护卫舰将安装印度自己研制的"布拉莫斯"巡航导弹。

该公司的出口业务也越来越多，包括为斯里兰卡海军建造近海巡逻舰以及为毛里求斯海岸警卫队建造快速拦截艇和快速攻击艇。

（六）巴特拉电子公司

巴特拉电子有限公司（BEL）以生产各种探测雷达、电子设备、学仪器和通信装备为主。该公司为"阿卡什"地空导弹（SAM）项目集成电子系统。

由该公司牵头的印度工业团队推出了一系列新型空射精确制导武器和轻型巡航导弹。BEL 提供所有电子和导航系统，由 JSR 动力公司提供弹体和控制系统。该系列三型空射武器系统原型分别命名为 Waghnak、Khagantak 和 Vel，旨在为印度国内和购买国提供低成本、先进的穿透型武器，可以根据要求配装不同的载荷和导引头。武器的子系统只有 10% 是进口的。Waghnak 是重 450 千克的防区外精确滑翔弹药，采用流线型轻型碳纤维复合弹体，带有折叠翼以及 5 片控制舵面。导弹发射高度 1.2 万米时射程为 154 公里，最大速度 0.8 马赫。复合材料有助于降低雷达反射面积特征，并增加作战范围。Waghnak 采用惯导和 GPS 系统，装有多频带主动射频导引头（1~3 GHz，3~6 GHz，6~12 GHz）和长波红外传感器，采用重 225 千克的串联战斗部，装药 45 千克。根据需要，Waghnak 可以只配装惯导 /GPS 系统，半主动激光导引头或中波段红外导引头。

BEL 电子战产品包括：潜艇 ESM 系统，工作在 D-J 频段内，可以截获、检测和识别雷达信号；小型船 ESM 系统，用于巡视船上截获、分析和识别信号；小型直升机 ESM 系统，用于侦察、截获、检测、识别地面、机载、船载雷达，显示雷达信号的各种参数；小型飞机 ESM 系统，提供静止和运动地面、机载、舰船和潜艇雷达的侦察；大型飞机 ESM 系统，是宽开多天线 ESM 系统，覆盖 C–J 波段，系统截获、检测和识别雷达信号并显示射频信号的所有参数；战斗机 EW 套件，提供雷达报警、干扰等功能；现代舰船 ESM 系统，能在方位角 360° 覆盖的 C–J 频段中进行雷达发射的自动和瞬时检测、方向测量、分析、分类和识别。

（七）其他国防公营企业

其他 3 家大型国防公营企业分别为：生产大口径火炮的布拉加机床有限公司；生产火炮身管锻件及特种钢和合金钢的尼吉姆有限公司；生产重型工程设备的印度推土机有限公司。

二、兵工厂企业

兵工厂是印度从事国防生产最庞大、最古老的企业，共 41 家，现有员工近 12.5 万名。印度政府下属的兵工厂部（OFB）负责管理这 41 家兵工厂。兵工厂主要生产轻武器、弹药、车辆、服装，以及通用补给品和装备等。根据主产品和使用的技术。兵工厂可分为五大类：弹药和炸药类（10家），武器、交通车辆和器材类（10 家），材料和零部件类（9 家），装甲车辆类（5 家），军械设备类（5 家），另有 2 家新建的兵工厂。

20 世纪以来，兵工厂的产量和销售额分别从 2002–2003 财年的 790.9 亿卢比和 650.8 亿卢比增加到 2010–2011 财年的 1539 亿卢比和 1121.5 亿卢比。在过去 5 年中，兵工厂主要客户是陆海空三军，其 80%~85% 的产品销售给它们，是兵工厂最大的客户。

军工厂部最大的一个订单是投资 25 亿美元生产 1000 辆 T–90 坦克，生产安排在印度南部安德拉邦的梅达克军工厂和泰米尔纳德邦的阿瓦迪重型车辆厂。

三、国防研究与发展组织

印度建立了以国防研究与发展组织（DRDO）为核心的国防科研体系。该组织在行政上直属印度国防部研究与开发局，是印度国防科研的核心和骨干，承担了印度军方除航天和核武器外几乎所有的武器装备研发任务，其水平和能力在很大程度上决定着印度国防技术自主化进程。

该组织拥有 53 个研究所，其中有 5 个从事导弹研究、12 个从事电子装备研究、3 个从事材料科学研究、6 个从事航空装备研究、4 个从事战斗车辆与工程研究、10 个从事生命科学研究、3 个从事海军装备研究。目前该组织拥有 3.3 万多名员工，其中科学家 7255 名、技术人员 1.337 万名、机关和保障人员 1.1 万名。

国防研究与开发组织开发了一系列高技术武器装备，其中一些武器装备已服役或将入列，如导弹、多管火箭炮、无人机、雷达、电子战设备、战车、战斗机、通信系统等。据印度官方 2012 年 3 月统计，该组织所开发产品的产值接近 1.4 万亿卢比。

国防研究与发展组织成立后不断发展壮大，陆续纳入新的学科，升级改造硬件设施，以提高自主研发能力。该组织已取得较多成果，在声呐、雷达、作战系统等电子装备领域实现了较高水平的国产化，战略战术导弹研制取得较大成功。2012 年 4 月试射射程超过 5000 公里、可携带多枚核弹头的"烈火 –5"中程弹道导弹。

但是，国防研究与发展组织近些年来也受到批评，主要缘于其在武器系统研制上的进展缓慢：一是武器系统研发能力仍不能满足印度武器装备发展需求。该组织完成的计划只能满足印度军方 30%~35% 的需要，大量装备需要外购；即使在本国生产的许多产品，也需要国外提供零件或技术支持。2006—2010 年间，印度进口武器装备价值占同期全球武器交易额的 9%，高居世界第一。

在 2002—2006 年间，由于对私营企业增加了从事国防工业的机会，已经有 1007 名科学家离开印度国防研究与发展组织。为解决面临的困境，国防研究与发展组织正在加强从国外引进先进技术，设立更多像"布拉莫斯"导弹项目一样的联合研发项目，推动与国外公司成立合资企业，以期在尽量短的时间内提高印军技术装备水平；加强与私营企业接触，充分利用私营企业的研发力量；充分利用贸易补偿机会从国外采办先进技术装备。此外，推动军用技术商业化。将组建民用分部，负责军工技术向民用产品转化，但不负责制造，这些工作将交给民用工业部门。国防研究与发展组织已与印度工商业协会联盟合作，启动"加速技术评估和商业化"计划，旨在将国防研究与发展组织开发的非敏感技术商业化，推向国内外市场。

四、私营企业

自 2001 年国防工业开放以来，私营企业已成为印度国防工业中一支活跃的力量。国防部部长辛格 2019 年 8 月表示，印度拥有共持有牌照的私营公司 70 多家。私营国防企业参与的生产范围广泛，包括装甲车车辆、战斗车辆、雷达、电子战设备、军舰、潜艇、航空电子设备、军用飞机、武器弹药等。

国防公营企业和兵工厂约有 20%~25% 的生产量外包给私营企业，为国防公营企业、兵工厂和国防研究与发展组织供应零件和进行分装的中、小、微型私营企业超过 6000 家。

一些私营企业在国内外市场上都取得了成功，如皮帕瓦沃国防与近海工程公司不仅获得了印度海军 297.5 亿卢比的合同，还获得了 119.2 亿卢比的出口合同。如私营企业 L&T 位于印度古吉拉特邦哈吉尔镇，正为印度陆军生产自行火炮，是莫迪政府推行"印度制造"政策在国防工业领域的反映。L&T 公司正在生产的"金刚"155 毫米自行火炮，其实是韩国 K-9 自行火炮。2017 年 4 月，印度与韩国签署 6.46 亿美元引进 100 门 K-9 自行榴弹炮的合同。

塔塔集团是印度最大的集团公司，创立于 1868 年，总部位于孟买。塔塔集团商业运营涉及 7 个领域：通信和信息技术、工程、材料、服务、能源、消费产品和化工产品；旗下拥有超过 100 家运营公司，办事机构遍布世界六大洲 80 多个国家，全球职员数量超过 45 万人。塔塔集团共有 31

个上市公司，其市值总额约 936.7 亿美元（截至 2017 年 10 月 4 日），拥有 380 万个股东。2016–2017 财年，塔塔集团总收入为 1000.9 亿美元，其中 58% 来自海外业务。

该集团子公司塔塔钢铁公司是世界前十大钢铁制造商，塔塔汽车公司是世界排名前 5 位的商用车辆制造商之一，2008 年收购了"捷豹路虎"。塔塔咨询服务公司是世界领先的软件公司，塔塔全球饮料公司是世界第二大品牌茶叶公司，塔塔化工公司是世界第二大纯碱生产商，塔塔通信公司是世界最大的语音服务批发商。

塔塔先进系统公司与波音公司在印度第四大城海德拉巴（Hyderabad）组建一家制造飞机零部件的合资企业。合资公司建立一个卓越的制造中心，从事 AH–64 Apache 直升机零部件的制造，并争取波音公司其他军用机和商用机的制造合同。所有新造 AH–64 "阿帕奇"攻击直升机的机身都将印度厂制造，包含美国陆军的订单。海德拉巴厂成为全球 AH–64 "阿帕奇"攻击直升机机身的唯一制造厂。AH–64 以其卓越的性能、优异的实战表现，一直位居世界武装直升机综合排行榜第一名。"阿帕奇"武装直升机已生产 2300 架。这家工厂占地超过 1.4 万平方米，拥有 350 位工程师。除了生产"阿帕奇"直升机的机身外，还将生产次结构和垂直结构梁。美国利用印度相对廉价的劳动力生产简单的机身等部件，核心设备仍然要到美国本土安装。

第二节 重点领域军民融合现状

一、电子信息技术领域

印度十分重视信息技术的发展，力图运用信息技术带动经济增长，进而摆脱经济落后状态。信息技术领域军民融合发展的程度非常深。一方面，印度政府一直把发展电子技术放在重要位置，由此带动军用信息技术的发展；另一方面，印军将信息技术列为国防科技的优先项目，成立相应的机构指导信息技术的发展，军用电子信息技术的发展也带动民用信息技术的发展。

印度政府为促进信息技术的发展，从 20 世纪 70 年代初开始连续制定发布多项全国电子工业发展政策和规划，指导和鼓励信息产业技术发展。先后建立了大量政府资助的民用和国防电子技术中心与电子工厂，鼓励生产用于军事、通信、航空、原子能等方面的电子设备。

20 世纪 80 年代后的发展重点是：大规模通信网、建立国家信息网和信息资料库、自动化生产程序和计算机辅助设计，并进一步降低成本，以适应扩大国际市场需求。

印度政府在 1983—1992 年的 10 年中，投资 23 亿卢比用于微电子技术的研究和开发。为开发大规模集成电路技术，政府还另投资 20 亿卢比，作为专款开支。20 世纪 90 年代后，产业政策转向强调发展尖端技术，提出以军用航空电子工业为先导，采取研制与生产紧密结合，以攻克尖端项目为目标的方针。为实现上述目标，鼓励建立内部的研究设计和开发机构，免除以本国技术为基础的工业许可证，对使用本国技术提供财政刺激和追加投资补贴等。在第五个"五年计划"期间，科学和工业研究理事会用于研究与开发活动的经费约为 2.92 亿美元，这促进了印度高新技术的涌现和产品的更新。

1998 年，印度军方与印度工业联盟成立专门工作组，制定印军引进民用信息技术的"九点方案"，共同研究开发国防软件系统。许多私营电脑公司积极为军方提供电脑安全技术，包括安全程序、防火墙、加密技术和电脑入侵探测装置等。至 2000 年，印度从事信息技术研究的机构有 40 多个，科技人才 3 万余人。先进的民用信息技术大量转化并加速军用信息技术的发展。合格的计算机软件人才达 16 万人，计算机技术在发展中国家居于领先地位，某些信息技术领域已达世界先进国家水平。

二、科研人才培养

印度能够作为新兴国家崛起，与其强大的科技人力资源优势密不可分。印度军事科技人才来源于地方院校的培养。数据表明，印度全国现有 254 所综合性大学，拥有 400 万科技人员，包括软件技术人员 90 万，仅次于美国和俄罗斯，居世界第三位。但是，印度科技部 2015 年的数据显示，印度总共有 19.2 万名科研人员，其中女性科研人员占比 14%。两种数据之间存在明显的统计口径偏差。

大量科技人才投入印度军事科技的研究。如国防研究与发展组织拥有 3.3 万多名员工，其中科学家 7255 名、技术人员 1.337 万名。印度空间研究组织（ISRO）共雇佣约 2 万名员工。印度斯坦航空公司（HAL）共有雇员 3.6 万多人，有超过 4000 名高级技术员、科学家和工程师。

2013 年 1 月，印度政府发布《科学技术和创新政策》，提出"依靠科技创新实现国家发展雄心"，指出培养创新人才不仅是科技创新的"根系要素"，也是把人口红利转化为发展红利的关键。印度采取以下措施培养科研人才。

一是发展高等教育，提升人才培养能力。政府加大高等教育投入，并制定范围广泛的奖学金、助学金、教育贷款政策。高等教育投资在 2007 年占 GDP 的 1.14%，2011 年达 1.22%。政府建立包括国家奖学金计划在内的各种资助计划，争取使女性、偏远落后地区儿童等弱势群体获得公平的教育机会。目前，印度各类组织设立的奖学金计划就有 200 多种，可提供教育贷款的银行有近 30 家。

二是办好精英大学和顶尖研究机构。理工教育在印度高等教育体系中占据主导地位。印度 1951 年仿照美国麻省理工学院建立印度理工学院

（IIT），并为此投入国家大部分高等教育资源。印度理工学院先后在孟买、马德拉斯、坎普尔、德里等地建立7个分校，政府还建立了其他一些理工院校，专门培养高水平理工人才，成为印度的精英教育机构。从2011—2017年6年内，印度按照第11个"五年计划"的规划，陆续建立50个顶尖科研机构，研究领域覆盖生物技术、生物信息学、纳米材料和纳米技术、机电一体化、高性能计算机等。除科研工作外，还面向硕士、博士研究生开设课程，为国家培养特定领域的高级人才。

三是借助国际资源，培养国际化人才。印度与联合国教科文组织、世界银行以及包括美国德国在内的发达国家等开展合作，通过交流与合作，不断吸收国外先进知识与技能，培养本国人才。以印度理工学院及其分校为例，与德国和美国分别签署合作协议，由美德向印度理工学院派遣教授专家，为其提供先进的设备和书籍，与之开展联合研究项目，合作培养硕士和博士。

四是重视对天才青少年和青年人才的选拔，选拔和培养后备人才。印度政府重视从青少年心智发育的早期就吸引他们对科学和技术的兴趣，进而将他们培养成为科技人才。从1993年起，印度每年都要召开全国少年科学大会，培养青少年科学兴趣和解决问题的能力。2008年，印度科技部启动"激励追求科学研究创新"（INSPIRE）计划，为青少年提供走进科学、从事科学活动和进入科学职业的机会。印度政府还通过许多科普活动和科技竞赛活动来鼓励青年人进入科学；设立"青少年科技带头人计划"等，鼓励青少年参加科学实践，攻读硕士和博士学位，以加强科研后备人才的培养。

三、基础设施建设

印度科研机构、企业、兵工厂建立较多的国防基础设施，包括风洞、造船设施、试验与鉴定设施等。

（一）民用基础设施

印度公路主要分国家、邦级和边境公路3种，以新德里、孟买、加尔各答、金奈四大城市为中心，公路总长约490万公里，居世界前列，公路承运量占全国客运总量的85%和货运总量的近60%。其中，国道和高速公路总长9万公里；邦道总长15万公里。但是道路状况较差，国道中约75%的路段为单向2车道及以下，交通秩序混乱，运输效率不高，道路运输能力不足。

铁路是印度人长途旅行的首选出行方式。其铁路总长6.6万公里，居世界前列。印度计划2020年将列车现行130公里/小时的平均时速提升至160~200公里/小时。货运方面，2014-2015财年，印度铁路货运总量达到11亿吨，预计2019-2020财年将提升至21.7亿吨。煤炭是印铁路运输的最主要产品，占货运总量近50%。印度铁路相对老化落后，铁道标志和车辆老旧。城市轨道交通发展迅速，一线城市均有地铁/城铁，二线城市轨道交通已进入规划设计阶段。

印度民航2016年完成旅客吞吐量2.55亿人次，同比增长19.5%。全球航空运输量排名第五。2016年印度拥有各类机场82个，有6个机场年旅客吞吐量超过1000万人次。印度的20多个主要城市建有国际机场。

水运是印度外贸运输的主要方式，印度95%外贸通过水运完成，贸易价值占比超过70%。印度拥有7517公里海岸线，海运能力位居世界第16位，拥有12个主要港口和187个非主要港口，主要港口2015年最大吞吐量为8.7亿吨。12个主要港口由印度政府直接管理，东西海岸各有6个。187个非主要港口中仅有1/3处于运营状态，由各邦政府海事董事会管理。2015年，主要港口及非主要港口全年货运量分别为5.8亿吨和4.7亿吨。

印度拥有全球第二大的电信网络，全国电话用户总数超过10亿，其中移动用户总数为9.97亿。截至2016年底，互联网用户总数为4.3亿，其中超过80%上网行为通过手机产生。电信运营商在15个城市提供4G业务。

印度是全球第三大电力生产国和第四大电力消费国。截至2016年9月底，印度全国总装机容量314.6兆千瓦，其中石化燃料发电占68.3%，再生能源发电占29.9%。电力供应面临缺口，制约经济发展。2014-2015财年，印度峰值供电缺口约为3.1兆千瓦，约占当年供电总量的2%。印度呼吁建立南亚区域联合电网，以解决区域内现有能源30%需要进口的问题。

政府计划以公私合营方式加快基础设施建设。约有100个高速公路项目通过公私合营（PPP）模式投入建设。印度内阁经济事务委员会允许私人资本通过建设—运营—移交（BOT）的方式100%入股公路建设项目，并享有2年的收益期。政府计划以公私合营的方式对全国22个主要火车站进行改造，并计划到2020年新增铁路2.5万公里。

（二）高超声速风洞

印度空间研究组织（ISRO）在维克拉姆萨拉巴伊太空中心（VSSC）建有世界第三大高超声速风洞。风洞用于研究空气绕航天器等固体目标流动的作用。随着印度航天局面向未来的"重复使用运载器"（RLV）、"两级入轨"（TSTO）火箭、吸气式推进系统、载人航天等任务的开展，上述飞行器对高超声速环境下的气动－热动力学建模问题极其重要。2017年3月20日，该高超声速风洞开展运行调试。调试的风洞有1米级高超声速风洞和1米级激波风洞，其尺寸和试验能力世界排第三。该风洞由印度国内设计、发展和制造，将为印度航天运输系统的设计和发展提供充足的数据。该设施投入应用也表明，印度拥有独立建造此类世界级基础试验设施的能力。高超声速风洞和激波风洞设施用于模拟高超声速飞行器气动－热环境。1米级高超声速风洞模拟速度在6~12马赫之间。1米级激波风洞可模拟4.5公里/秒的飞行速度。

（三）通信卫星

印度通信卫星波段覆盖了C、扩展C、Ku和S波段，印度空间研究组织（ISRO）在轨服役的通信卫星包括：INSAT-3A、INSAT-3C、INSAT-

4A、INSAT-4B、INSAT-4CR、GSAT-8、GSAT-10、GSAT-12、GSAT-16、GSAT-17、GSAT-11。

GSAT-7 是印度首颗技术完全成熟的军事通信卫星，于 2013 年发射入轨，设计寿命 10 年，是海军专用通信卫星。其高度加密的数据网络可与大约 140 艘军舰、13 艘潜艇、200 架飞机及岸上综合设备进行无缝连接。GSAT-7 提高了印度海军在广阔的海洋及陆地地区的天基卫星通信能力和情报搜集能力，以及跟踪境外敌军动向的能力。主要监控印度洋及周边约 2000 海里的地区。印度海军利用该卫星监视覆盖马六甲海峡和霍尔木兹海峡由东到西的活动。

GSAT-6 是 2015 年发射的第二颗 S 波段通信卫星，适用于小型手持设备。GSAT-9 卫星 2017 年发射升空，有 12 个 Ku 波段收发射频信号，设计寿命为 12 年。GSAT-14 卫星于 2014 年发射，搭载 6 个扩展 C 波段转发器和 6 个 Ku 波段转发器。GSAT-15 于 2015 年发射，是大功率通信卫星。

INSAT、GSAT 通信卫星由"主控设施"（MCF）运行控制。MCF 的 7 个地球站组成一个综合设施。印度电信总局（DOT）的网络运营控制中心（NOCC）也可以对 INSAT 卫星进行运控，与 MCF 共同控制从卫星地球站到 INSAT 卫星之间的传输。

（四）国家超级计算机

印度 2015 年推动国家超级计算任务，计划耗资约 6.3 亿美元提升印度科研及国防科研能力。"国家超级计算计划"共分为三阶段，目标是 2022 年前以本国技术为主建造 60 台超级计算机。第一阶段是为 6 台超级计算机进行主板的整合及组装。第二阶段将在 2020 年开始在印度本土进行 10 台超级计算机的整合及组装。最终的第三阶段中，除了中央处理器需要继续进口外，余下的超级计算机的部件及组装均在印度完成。目前，有 2 台新超级计算机完成组装并投入到实际应用。首台超级计算机已经在印度理工学院巴纳拉斯印度教大学投入服务，运算速度 1.3 千万亿次。印度计划在全国建立一套由 70 台超算组成的网络，形成国家超算计算机网络。

（五）造船、装甲车辆及航空器生产基础设施

印度斯坦船厂有限公司配备等离子切割机、钢筋加工、焊接设备、材料处理设备、起重机、物流和仓储设施。还配有试验和测量设备。盖有一个容纳 8 万 DWT 船只的建筑码头、三个船台和 550 米的装修码头。

印度政府 2016 年加大投资，扶持本国造船、航空和装甲等工业基础设施。其中，为了更好满足未来造舰需求，印度政府决定斥巨资对四大国有造船厂进行升级和扩建，进一步改善造舰基础设施、引进一流造舰技术和管理理念，以不断缩短造舰周期，提升造舰能力。

印度目前主要有六大船厂，具备大到航母与弹道导弹核潜艇、小到导弹艇与巡逻艇等各型舰艇的建造能力。计划升级和扩建的船厂包括四大国有造船厂。批准斥巨资升级和扩建四大国有船厂，旨在更好地落实莫迪政府"印度制造"战略，进一步提升印度造舰能力，更有效满足印海军未来作战需求。印度国防部将定期（每 6 个月）对四大船厂升级实施督促检查，监督资金去向，确保巨额资金切实用于船厂升级扩建，提升四大船厂的造舰能力。

印度早在 2011 年对果阿造船有限公司完成第一、二阶段扩建，此次升级扩建，将新增升船机、船舶转移设施、材料起重机、俯仰起重机、钢板运送机、6 个泊位（目前有 4 个，将来共有 10 个，其中 2 个可维修 6000 吨级的战舰）等，引进外国玻璃纤维增强塑料建造技术。升级后，该公司从目前仅能建造 1 艘近海巡逻舰增加至同时建造 3 艘，进一步提升其造舰能力。

印度政府将印度斯坦造船公司定位为舰艇维修船厂，本轮投资主要是升级其舰船翻新与维修设施，使其能具备未来现代化战舰的维修与保养能力。

印度政府计划向马扎冈船坞造船有限公司投资 1.4 亿美元，新建 1 个模块车间、1个组装车间、1座300吨的移动式巨型起重机等，尤其是新增潜艇建造设施备受关注。升级后，该公司可建造舰船的部件模块，实现舰船综合模块化建造，将大幅缩短舰艇建造周期。该公司造舰能力也可从目前可同时建造3艘水面作战舰和3艘潜艇增加至可同时建造5艘水面作战舰和6艘潜艇，并将大幅缩短建造周期，造舰能力大幅提升，保持其国内最大船厂的地位。

印度政府计划向加登里奇造船与工程有限公司投资8.9亿美元，拟新建1个现代化舰体建造车间、1个造舰车间、1个模块仓库、1个万吨级干船坞、1个码头、1个倾斜泊位、1座250吨的移动式巨型起重机、1个喷漆装备等相关设施与系统，升级舰船设计软件。升级后，该公司可同时建造多艘大型现代化战舰，能更好满足印度海军未来作战需求。

苏联早在20世纪80年代就援建印度全套T-72坦克生产设备，在印度建造可以生产T-72坦克的工厂，即阿瓦迪重型车辆厂，具备生产T-72先进坦克的能力，是印度国产"阿琼"坦克的生产方。该厂共生产770根T-72坦克炮管，但这些炮管在装配上T-72坦克交付印度陆军使用后却发生数十起炸膛事故，最终迫使印军不得不报废所有自制炮管，并继续采购俄制炮管装配坦克。T-90生产也在印度南部安德拉邦的梅达克军工厂和泰米尔纳德邦的阿瓦迪重型车辆厂进行。T-90项目促使梅达克和阿瓦迪军工厂完善了基础设施，生产的T-90坦克，国产化率达95%。阿瓦迪重型车辆厂组装T-90时有一些部件发生过"技术问题"，陆军称热成像设备故障降低了坦克的夜视能力，这些问题后来通过进口更好的部件才得以解决。

印度斯坦航空公司拥有先进的制造设备，包括四坐标和五计算机数控精密机床，电子束焊接，先进的涂层处理。

（六）鼓励私有企业参与国防试验基础设施建设

印度国防部已启动"国防试验基础设施计划"（DTIS），以促进私有企业参与建立和运行武器装备试验与鉴定设施，目标是支持中小型企业"缩小国防试验基础设施的差距"，支持印度在北方邦和泰米尔纳德邦的国防工业走廊。根据该计划，国防部将优先考虑建立试验设施支持无人机的生产和运营。支持其他武器装备和能力包括雷达、减振降噪、电子战系统、船舶动力学、航空航天系统、弹道、爆炸以及"国防制造业中缺乏试验基础设施的任何其他领域"。

　　国防部计划的目标是在印度建设多达 8 个新的普通用户试验站点，以"满足本土国防工业的需求"。印度政府对每个新的试验设施计划投资5800 万美元，但政府资金不超过项目总成本的 75％，其余部分由私有企业投资。

第五章

印度军民融合的内外形势与典型成就

印度的军民融合虽然在中央政府层面得到了充分的政策支持，但还面临着诸多落实上的困境，其中又以"地方主义"在印度的盛行最为突出。当然印度的军民融合也有着较为有利的外部支撑，尤其是印裔美国人的技术援助与产业合作。

第一节 内部困境：印度"地方主义"对于军工发展的阻碍

印度"地方主义"自形成到发展共经历了三个阶段，由此形成了在政治（地方政党）、经济（地方财团）以及文化（地方语言）三个领域具有印度特色的地方主义。当然，印度的"地方主义"并非仅仅在独立后才出现，而是深植于印度缺乏"完整统一"的历史记忆中，独立后的政治经济环境只是进一步催化了"地方主义"的发展，且逐渐形成联邦—地方的国家政治双轨制。辩证地来讲，印度"地方主义"的强势，一方面有助于地方发展的活力，另一方面也"鼓励"了民族主义势力的分离倾向，给联邦治理、边疆管控和军工发展造成了较大的难度。

一、印度地方主义的形成及表现

曾长期担任美国国会众议院前议长的蒂普·奥尼尔（Tip Oneill）曾有一句名言："所有政治都是地方性的"[①]。由此可见，"地方主义"并非印度所独有，但脱胎于独特历史背景的印度"地方主义"则有着自身的特点。

（一）印度地方主义的产生及发展历程

印度的"地方主义"突出表现为"地方政党"的出现，主要是指印度地方邦将自身利益置于首位，以本地区政治、经济利益及文化传统作为政策的优先方向。独立以来，印度的"地方主义"自产生到发展共经历了三个阶段，逐渐成为印度社会举足轻重的组织力量。

1. 第一阶段（1947—1967）："一党独大"时期地方主义的萌芽

早在独立运动期间，代表地方利益的地方政党就已经活跃在印度政坛上，除了国大党、社会党、人民同盟和印度共产党等全国性政党外，还普遍活跃着10个左右邦一级的地方政党。[②] 但是，这一时期的印度地方主义由于国大党"一党独大"的强势而式微，国大党基本囊括了从联邦到地方邦所有的政权，其在各级议会中的绝对优势又使得国大党的各项政策都能够在全国范围内得到落实，地方主义基本上没有政治活动的空间。与此同时，前期的国大党（尤其是尼赫鲁时期）对于各个邦的政治要求做到了尊

---

① Hicks, Josh, "Boehner agrees with Pelosi: Name federal building after 'Tip' O'Neill," *The Washington Post*, Nov 26, 2012. https://www.washingtonpost.com/news/federal-eye/wp/2012/11/27/boehner-agrees-with-pelosi-name-federal-building-after-tip-oneill/?noredirect=on&utm_term=.6bfaa0cb3c2f. 访问日期：2021 年 10 月 10 日。

② 陈金英：《社会结构与政党制度》，上海人民出版社，2010 年，第 196 页。

重与认可[①]，其协商与包容的原则为中央与地方的矛盾解决提供了足够的政治空间。因此，这一阶段的地方主义基本处于潜伏期，未有突出表现。

2. 第二阶段（1967—1989）：联邦权力的分散与地方主义的形成

20世纪60年代末，由于国大党的分裂与衰落，使得印度联邦权力趋于分散，先后两次执政的英迪拉·甘地试图通过"总统治理"等一系列高压政策扭转局面，反而加速了地方主义的形成与壮大。[②]

首先，国大党基于地方的分裂催生了地方主义。这段时期的国大党很难维持在所有地方邦的统治，为了争取地方选民的支持，同时维持自身全国性政党的形象，部分地方邦的国大党则在党的名字前冠以"某某邦"的前缀。如西孟加拉国大党、喀拉拉邦国大党等，都是全国性政党衰落、地方主义兴起的产物。

其次，英迪拉的高度集权体制提供了地方主义发展的空间。英迪拉执政期间，一改过往尼赫鲁时期对于地方领导人"兼听则明"的处理方式，代之以"总统治理"的高压政策，以巩固其自身政权的稳固，这从另一方面也反映了联邦由于对地方控制力的下降而不得不采取这种垂直管理方式来维护政权。但是，英迪拉的强势刺激了地方邦知识精英与普通民众的不安全感，纷纷反对国大党滥用联邦权力，并要求以自治来维护自身的权利。[③]以安得拉邦为例，第二次执政的英迪拉试图通过"总统治理"加强对地方的控制，致使该邦在1978—1983年间国大党主席更换5次，首席部长更换3次，使得整个地方的行政秩序处于瘫痪当中。[④]泰卢固人对此表示强

---

① Verinder Grover, *Political Parties and Party System*, Deep and Deep Publication, 1997, p.740.

② Shalenda D. Sharma, *Development and Democracy in India*, Lynne Rienner Publisher, Inc., 1999, p.79.

③ Pradeep K. Chhibber, John R. Petrocik, The Puzzle of Indian Politics: Social Cleavages and the Indian Party System, *British Journal of Politics Sciences*, Vol. 1, No. 2（Apr., 1989）, p.195.

④ Zoya Hasan, *Parties and Party Politics in India*, Oxford University Press, 2002, p.294.

烈不满，在地方民族主义的旗帜下由 N.T. 拉马拉奥（N. T. Pamallao）发起成立了"泰卢固之乡党"（Telugu Desam Party），并声称是为了维护6000 万泰卢固人的利益与尊严。正如阿胡亚（Kiran Ahuja）在《印度大选：选举政治、选举改革和政党》一书中所指出，中央权力的过度集中，必然会导致联邦与地方邦之间权力关系的失衡，而这也将最终产生一种新的平衡状态——地方政党的出现与政治的联邦化。[①]

最后，"支配种姓"寻求在民主选举时代的新支配。印度地方的村落通常有一个种姓居于支配地位，他们由于在政治、经济以及社会生活等诸多方面都占有资源优势，因而被称作为是"支配种姓"（Dominant Caste）。[②] 这些"支配种姓"往往在农村占有大量耕地，在城市中有着大量的商业利益，且其中接受过西方教育的种姓成员往往还担任着地方的"行政职务"。这些"支配种姓"在地方有着极高的声望与民意基础，他们也逐渐形成自己的政党成为地方主义的支持者。

3. 第三阶段（1989 年至今）：联邦政策的地方化与地方的再破碎

这一时期，随着印度的地方主义的不断发展，其影响力已经逐渐深入到联邦政治当中，突出表现在两个方面：一方面，全国性政党与地方性政党联合组阁成为印度政坛的新常态。1989 年以后，印度在大部分时间都是处于"多党联合执政"的"悬浮议会"状态下，使得全国性政党（国大党与人民党）必须通过与地方政党合作才能够维持政权，而地方主义所主张的政策则在"多党联合执政"中得以实现联邦化。[③]另一方面，1991 年以后，印度的改革开放使得地方财团迅速扩张，而这些财团则带有极强的地方主义与族群色彩。如拉贾斯坦邦的比尔拉财团、古吉拉特邦的安巴尼财团、

① M. L. Ahuja, *General elections in India: Electoral Politics, Electoral Reforms and Political parties*, published by Icon Publications Pvt. Ltd. New Delhi, 2005, p.53.
② 尚会鹏：《种姓与印度社会》，北京大学出版社，2001 年，第 142 页。
③ Babulal Fadia, *Pressure Groups in Indian Politics*, New Delhi: Radiant Publishers, 1980. p.44.

帕西人的塔塔财团等等，都与地方主义的兴起共生。

此外，印度"地方"的"再破碎"也日益突出。以从安得拉邦独立出来的特伦甘纳邦为例，该地区的泰卢固人自国家独立起便一直认为本民族受到了歧视，屡次发动游行示威并造成人员伤亡。2009 年，联邦政府正式决定将包括海得拉巴在内的安得拉邦的 10 个地区分离出来成立特伦甘纳邦。值得注意的是，特伦甘纳邦的成立表面上是民众运动的结果，实际上是地方势力干涉联邦决策的突出体现。泰卢固人议员在中央和邦议会中的影响力都比较大，在原安得拉邦议会的 294 个席位中占有 119 席，而国会的 543 个议席中则有 17 席来自特伦甘纳地区，由于这些泰卢固人议员的积极活动，才使得这一"极具地方主义色彩的决定"而最终联邦化[①]，也使得地方主义的"再破碎"成为新特点。自此，在泰卢固人的鼓励下，印度的诸多地方邦呈现出"再破碎"的态势，印度西孟加拉邦大吉岭地区的尼泊尔族人要求成立"夹可哈兰邦"。在拉贾斯坦邦则有少数族裔要求成立"玛鲁邦"，位于印度东北部阿萨姆邦的多个地区也纷纷效仿，要求分离。因此，地方主义的"再破碎"随着地方议员对于联邦政府的影响不断加大，也将会形成新的发展态势。

（二）印度地方主义的主要表现形式

印度地方主义自独立起便在政治、经济及文化生活中有所表现，随着印度民主政治的进一步发展而呈现出更加多元的表现形式。

1. 地方政党是"地方主义"的表现

"地方主义"在政治上突出表现为印度地方政党不仅在本邦实现了掌握政权，而且也对联邦的政治生活形成了影响，形成"联邦—地方"的政党双轨制。印度在建国后相当长时间内，由于国大党的强势以及尼赫鲁所

---

① Paranjoy Guha Thakurta and Kalimekolan Sreenivas Reddy, "Press Council Sub-Committee Report 'Paid News': How Corruption in the Indian Media Undermines Democracy Preface," April 1, 2010, p.4.

提出的党内"协商一致"而形成了一种"合作式联邦主义"的模式。[①]但随着国大党的衰落以及地方政党势力的上升，使得印度在地方邦一级的治理模式发生了重大变化，地方政党不仅控制了地方的行政权，而且还进入到中央政府担任要职。在地方政党的积极运作下，联邦不但对地方的约束越来越弱，而且逐渐成为地方主义"'自利'政策联邦化"的合法工具，使得地方主义在政治上呈现出强势的特征。[②]如最近一次全国范围的大规模选举是莫迪领导的印度人民党取得压倒性胜利的 2014 年第 16 届人民院选举，即使是在全国性政党强势发挥的背景下，在泰米尔纳杜邦执政的全印安纳德拉维达进步联盟和在西孟加拉邦执政的草根国大党依然获得了 37 席和 34 席，且比上届同期增加 19 席和 15 席，继续巩固了在地方邦的强势执政，由此可见地方政党在地方主义支持下的稳固与强势。

2. 地方财团是"地方主义"在经济领域的表现

"地方主义"在经济上突出表现为以地域划分为代表的地方财团广泛地参与到联邦与地方的政治经济生活当中，并通过自身影响力加强对于地方利益的保护。从方式上来讲，印度地方财团主要是通过结交政治高层、参与议会事务、拉拢行政部门以及介入政治博弈四种方式，对地方和联邦政治加以干涉，从而在政治经济上维护地区集团的利益。[③]如控制卡纳塔克邦矿业的雷迪兄弟财团，曾资助 6 名独立候选人 2500 万卢比，并帮助印度人民党在卡纳塔克邦地方议会赢取了 110 个议席。[④]正是由于雷迪兄弟财团在地方上的"付出"，使得其后来在国大党辛格政府期间面临违法调查时仍能安然无恙，其背后正是由于卡纳塔克邦议会对于该财团的有力

① 曹小冰:《印度特色的政党和政党政治》，当代世界出版社，2005 年，第 74 页。
② Rob Jenkins, *Democratic Politics and economy reform in India*, Cambridge university press, 1999. p. 128.
③ 楼春豪:《印度财团的政治影响力研究》，时事出版社，2016 年，第 161 页。
④ Sanjana, "The Reddy Flag Over Bangalore," 21 Sep, 2013. http://www.tehelka.com/story_main39.asp?filename=Ne140608thereddyflag.asp. 访问日期：2021 年 10 月 26 日。

保护。[1] 这充分显示了地方财团通过"寻租"获得地方政府支持，而地方主义的政府也在关键时刻保护地方财团免受联邦的利益侵害。

此外，印度地方财团为了保护本邦市场，极力阻止消费税改革，因而使得每个邦都有不同的商品和服务的税率和税法，并在各邦之间设立关卡，增大了企业的物流及经营成本，保护了当地的经济利益，但却降低了国家整体发展的潜力。因此早在 20 世纪 90 年代国大党辛格执政时期，中央政府就想建立一个统一的税制和市场，但却受困于政治体制中地方主义的强大而举步维艰。[2]

3. 地方语言是"地方主义"在文化领域的表现

"地方主义"在文化上突出表现为以语言建邦的持续发酵，使得印度部分地区陷入了"婴儿民族陷阱"，削弱了对于国家的整体认同感。印度中央政府虽然只规定英语和印地语作为官方语言，但在地方邦却有 22 种被规定的官方语言，而超过 500 万人使用的非官方语言则还有 14 种[3]，这极大地阻碍了联邦内部的交流与沟通。此外，印度对于初等教育投入的严重不足，使拥有一流高等教育的印度成为世界上教育资源分配最不平等的国家[4]，教育歧视增大了不同种姓、民族及阶层之间身份认知差别。

二、印度地方主义形成的动因

印度"地方主义"的形成与其自身的民族特性、历史记忆以及现实制度有着密切联系，正是在这三种因素的综合影响下形成了如今极具印度特

---

[1] Padma Charan Dhal, Kalyani Jena, Nalini Prava Mohanty, *Indian Society and Culture*, New Delhi: Atlantic Publishers & Distributors（P）Ltd, 2013. p.122.

[2] Arvind Virmani, "Economic Reforms: Policy and Institution, Some Lessons from Indian Reforms," *ICRIER Working Paper* 12, January 1, 2004, p. 112.

[3] B. Mallikarjun, M. S. Thirumalai, "Mother Tongues of India according to the 1961 Census," 5 August, 2002. http://www.languageinindia.com/aug2002/indianmothertongues1961aug2002.html. 访问日期：2021 年 10 月 22 日。

[4] 吴敬琏主编：《从威权到民主：可持续发展的政治经济学》，中信出版社，2008 年，第 168 页。

色的地方主义。

（一）印度民族—文化的分裂

印度地方主义的形成，其根本原因在于印度历史遗留下的分裂，使独立后的印度困扰于"自治"的联邦，中央政府对于少数民族聚居地区的治理乏善可陈。

1. 缺乏"完整统一"的民族意识

作为文明古国，"印度"的古代史是一部"列（裂）国纷争"的历史，而"整体国家概念"在相当长时间内是不存在的，仅仅是在文化上被统称为"婆罗多族"（梵文史诗《摩诃婆罗多》将次大陆称为"婆罗多族之国"）。[①] 自公元前2500年产生"印度河文明"到1858年英国殖民印度之前，长达4000余年的古代史却仅仅只有阿育王时期的孔雀王朝、德里苏丹王朝和阿克巴时期的莫卧儿王朝这三个时期实现了大一统，而且统一后不久又旋即再度陷入了分裂，印度作为"整体统一"的古代史不过100余年。[②] 其历史上较为出名的贵霜王朝、笈多王朝、戒日王朝的控制范围也仅仅是局限于北部印度，远远没有实现"婆罗多族之国"的统一。[③] 相反，印度的分裂在历史上却是常态，从南到北有众多奴隶制小国，有历史记载的最多达到118个国家，可以说印度的"古代史"就是一个"列（裂）国纷争"的历史。

进入近代以来，印度在英国的殖民下实现了"形式上的统一"，勉强形成了如今印度的"统一意识"。然而，英国对于印度的殖民统治虽然在治理范围内实现了"一统"，但却在治理措施上实施着"分裂"。[④] 英国人实行罗马"分而治之"的统治手段，将次大陆划分为英属印度和560个

① 陈峰君：《印度社会与文化》，北京大学出版社，2013年，第27页。

② 罗梅什·杜特：《英属经济史》中译本，三联书店，1965年，第765页。

③ 陈峰君：《印度社会述论》，中国社会科学出版社，1991年，第33页。

④ Robert D. Putnam, "Diplomacy and Domestic Politics: The Logic of Two-Level Games," *International Organization*, Vol.42, No.3, 1998, p.55.

土邦，并且煽动印度教徒与伊斯兰教徒之间的冲突，将分裂与仇恨的种子深植于殖民统治的方方面面。[①] 由此造成独立以来的印度发生了数次大规模种族和宗教冲突，这也迫使独立后的印度统治者始终小心维护着地方邦（尤其是少数民族聚居区）的独立性与特殊权益。

2. 印度教徒"领地意识"的保守

印度号称是"世界人种—宗教博物馆"，而伴随着这一标签的却是多次大规模的宗教冲突和"地方主义"的林立。就古代而言，婆罗门教和印度教与耆那教、佛教教徒之间一直冲突不断，而伊斯兰教的"东渐南下"更使得印度教与伊斯兰教之间的斗争不断加剧。此外，以锡克教为代表的其他教派与印度教之间也是纷争不断。宗教问题始终是印度一个敏感的政治议题。

其实，纵观印度历史上的种族—宗教冲突，其根本原因就在于"印度教"具有很强的"领地意识"，这种保守集中表现在两个方面：

其一，"种姓制度"代表"内部"不同阶层之间领地的划分。印度教的"种姓制度"是具有印度特色的一种文化，不同种姓之间如若出现了僭越（如通婚等）将会引发严重的后果。不仅如此，除了众所周知的婆罗门、刹帝利、吠舍与首陀罗四大种姓外，印度人还根据肤色、职业等不同划分成了上万个亚种姓（即"迦提 Jati"），可见印度教徒有着极强的"自我归属"感[②]，而印度教社会就是由数百个自治的种姓团体所构成的[③]，他们对于"非我族类"有着极高的警惕与戒备，从本质上讲这就是一种保守的"领地意识"。

[①]　Kiran Pal, *Tension Areas in Center-State Relations*, Suhrid Publications, 1993, p.112

[②]　Amitabh Mattoo and Happymon Jacob, *Shaping India's Foreign Policy: People, Politics and Places*, Har — Anand Publication, p. 34.

[③]　A. R. Desai, *Rural Sociology in India*, *Popular Prakashan*, Bombay, Fith Edition, 1978, p.38.

其二，"湿婆崇拜"代表底层印度教教徒对于领地的维护。印度教虽号称有 3300 万个神灵，但主神却只有梵天（代表创造）、毗湿奴（代表维护）以及湿婆（代表毁灭），而印度教教徒只会选择三大主神中之一作为个人及家族的供奉，因此印度教虽然是一个"多神教"，但却是秉持着"一神教"的信仰。其中，湿婆是印度教教徒中最受欢迎的主神，尤其是在印度教底层教徒中有着特殊的号召力，一些政治人物甚至利用"湿婆崇拜"来争取印度教徒的支持，如拉胡尔·甘地（Rahul Gandh）便声称自己是"湿婆的转世"来争取选票。① 然而，受到底层教徒欢迎的湿婆神却因曾烧毁阿修罗的三座妖魔城而得"三魔城毁灭者"之称，而这也被部分印度教教徒视为惩罚异教徒的理由。

正是由于作为主体的印度教教徒具有较强的领地意识，不仅阻碍了印度各个民族之间的融合与沟通，还造成了诸多族群及宗教团体之间的冲突，间接导致了少数民族聚居区"地方主义"的盛行。

（二）"潘查亚特"制度的社会惯性

印度社会脱胎于传统的种姓制度，具有很强的"分割、分层且自闭"的倾向，主要表现为以"村落"作为群居单位，以家族作为群居核心的社会特性。其中，作为地方自治的基层体现——"潘查亚特"制是印度一种传统的乡村自治制度，主张以村社中的长老(长者)作为组织管理的负责人。独立以后，印度基于"潘查亚特"设立了"潘查亚特管理制"（又译为"乡村评议会制度"）作为印度乡村基层自治的主要形式。一般而言，印度农村主要依靠（至少）四种"潘查亚特"来维系日常运作，分别以种姓潘查亚特、一般会议潘查亚特、农业仆工潘查亚特、单一目的的潘查亚特担负

---

① Nelanshu Shukla, "Congress workers to welcome Rahul Gandhi in Amethi with shiv bhakt posters," September 23, 2018, 网址：https://www.indiatoday.in/india/story/congress-workers-to-welcome-rahul-gandhi-in-amethi-with-shiv-bhakt-posters-1347242-2018-09-23. 访问日期：2021 年 10 月 18 日。

不同的管理职能。[①]

潘查亚特作为印度农村自发的基层自治制度，其本身就有很强的地方封闭性以及对于政府的排斥性，这主要表现在以下两个方面。

其一，潘查亚特与政府之间的关系是松散的。印度农村以潘查亚特制为主体，其与政府之间唯一的纽带是一名负责联络的官员，被称为是"伦巴达尔"（Lambardar）[②]，其仅有信息沟通、催款缴税的责任而并无任何特权。印度基层村民的高度自治，充分显示了印度的"地方主义"有着深厚的群众基础与传统习惯。

其二，潘查亚特对于种姓的接触与干涉是排斥的。在印度基层潘查亚特的自治当中，有几项罪名是相当严重且要受到严厉处罚的，分别是"与其他种姓通婚、与其他种姓共食等行为，破坏本种姓职业习惯，侮辱婆罗门等"。[③] 这几项罪名中都要求村民中谨守本地种姓的界限，对与外界的接触外来的干涉都充满警惕。虽然这些限制在当今有所弱化，但仍依稀可见这一传统制度在印度基层民众中所留下的社会心理影响。

（三）国家制度及议会民主的催化

印度由于其特殊的政治经济背景，使其在独立初期选择的道路，直接或间接导致了现今"地方主义"的盛行。

1. 民主革命"不彻底性"的遗毒

现代印度之所以盛行"建邦自治"的地方主义，其根本原因是印度资产阶级民主革命的不彻底性致使中央权威及统辖权受限。印度独立是"谈判"出来的结果，即主要是通过以圣雄甘地、穆罕默德·真纳等印度知识精英与英国殖民者进行和平谈判所取得的，是"由上而下"式的政权建立，

[①] Baden Powell, *The Indian Village Community*, Cosmo Publication, 1972, p. 20.

[②] G. V. L. Narasimha Rao and K. Balakrishnan, *Indian Elections: the Nineties*, Har—Anand Publication, 1999, p.64.

[③] B. S. Bhargava, *Panchayati Raj System and Political Parties*, Ashish Pub House, 1979, p.31.

而非"自下而上"式的人民革命，其独立的自身就是一个"妥协的产物"。

因此，基于独立的印度统一同样是中央政府与各个土邦进行谈判妥协的产物，自然没有"彻底革命"后中央政府的绝对权威。印度独立后的各个邦在辖区范围内有着诸多自治特权，而依托于各邦的地方政党及财团则更是巩固了这一特权，使得印度的地方主义色彩更加浓厚。不仅如此，1989年后出现的"联邦联合政治"使得"地方政党"更直接地参与到联邦的中央决策，无论是国大党还是人民党都必须依托众多地方政党联合组阁，这不仅使得中央试图增强对地方的控制更加困难，反而迫使执政党寄望于释放自治红利来博取地方政党的支持①，"地方主义"与"民族宗教"随之成为印度政坛无法触及的敏感地带。如当前执政的以印度人民党为首的"全国民主联盟"中的泰卢固之乡党，由于莫迪无法兑现其对于安得拉邦特殊地位与补贴的承诺，随即于2018年8月退出了印度人民党领导的"全国民主联盟"。可见，印度人民党在竞选之初为了争取地方邦的支持而承诺给予地方政府更多的自治特权，使其与国大党之间出现了恶性竞争，使得地方政党利用两党竞争不断扩大自身特权，会伤及执政党的政策和承诺。

2. "语言建邦"制造天然隔阂

按照原生主义的理论，人类个体一出生就陷入了"婴儿民族陷阱"②，在牙牙学语时就自然形成本民族的独特认同及对"他民族"的排斥。由于印度缺乏自下而上的彻底革命，联邦政府只能"尊重"地方以语言建邦的诉求作为国家统一的"妥协"，从而使得印度地方的新生代自小便进入了"婴儿民族陷阱"，缺乏对于印度整体国家的认知，更倾向于对本地区、

① J. R. Siwach, *Dynamics of Indian Government and Politics*, Sterling Publishers Private Limited, 1990, p. 704.

② Mckay James, "An Exploratory Synthesis of Primordial and Mobilizational Approaches to Ethnic Phenomena," *Ethnic and Racial Studies*, Vol. 35, No.2 January 1,1982.

本民族的认同，从而造成了地方与地方、地方与联邦之间的隔阂。如上文中所提及，印度除了联邦所规定的官方语言外，还有各个地方邦所认可的官方语言 22 种，超过 500 万人的使用语言 14 种，此外累计各种语言高达 1652 种。作为官方语言——印地语在印度的实际使用率只有 40% 左右[①]，可见地方主义在印度不仅仅是一个"存在问题"，更是一个具有另外 60% 的替代选择，这对于国家统一与稳定而言是不可忽视的潜在威胁。

表 5-1 印度官方及非官方语言使用地区及人口占比[②]

官方语言（22 种）	地区分布（地方邦）	人口占比
阿萨姆语	阿萨姆邦	1.25%
孟加拉语	西孟加拉邦，特里普拉邦，阿萨姆邦，安达曼－尼科巴群岛，贾坎德邦	7.98%
博多语	阿萨姆邦	0.13%
多格拉语	查谟－克什米尔邦	0.22%
古吉拉特语	达德拉－纳加尔哈维利，达曼－第乌，古吉拉特邦	4.42%
官方语言（22 种）	地区分布（地方邦）	人口占比
印地语	安达曼－尼科巴群岛，比哈尔邦，恰蒂斯加尔邦，德里国家首都辖区，喜马偕尔邦，贾坎德邦，中央邦，拉贾斯坦邦，北方邦，北阿坎德邦	40.57%
卡纳达语	卡纳塔克邦	3.69%
克什米尔语	查谟－克什米尔邦	0.53%
孔卡尼语	果阿邦	0.73%

---

① Office of the Registrar General & Census Commissioner, "Research on Sample Micro-Data from Census," Ministry of Home Affairs, 24 May, 2013. http://www.censusindia.gov.in/2011census/workstation.html. 访问日期：2021 年 10 月 1 日。

② Office of the Registrar General & Census Commissioner, "Abstract of speakers'strength of languages and mother tongues –2001," Ministry of Home Affairs, 2001. http://www.censusindia.gov.in/Census_Data_2001/Census_Data_Online/Language/Statement1.html. 访问日期：2021 年 10 月 1 日。

迈蒂利语	比哈尔邦	1.18
马拉雅拉姆语	喀拉拉邦，拉克沙群岛，本地治里	3.21%
曼尼普尔语	曼尼普尔邦	0.14%
马拉地语	马哈拉施特拉邦，果阿邦，达德拉－纳加尔哈维利，达曼－第乌	6.99%
尼泊尔语	锡金，西孟加拉邦	0.28%
奥里亚语	奥里萨邦	3.21%
旁遮普语	昌迪加尔，德里国家首都辖区，哈里亚纳邦，喜马偕尔邦，旁遮普邦，拉贾斯坦邦，北阿坎德邦	2.83%
梵语	北阿坎德邦	0.001%
桑塔利语	比哈尔邦，恰蒂斯加尔邦，贾坎德邦，奥里萨邦	0.63%
信德语	拉贾斯坦邦，古吉拉特邦	0.24%
泰米尔语	泰米尔纳德邦，安达曼－尼科巴群岛，本地治里	5.91%
泰卢固语	安得拉邦，泰伦加纳邦，本地治里，安达曼－尼科巴群岛	7.19%
乌尔都语	查谟－克什米尔邦，泰伦加纳邦，安得拉邦，德里国家首都辖区，比哈尔邦，北阿坎德邦	5.01%
使用人口超过500万的非官方语言（14种）	阿瓦德语、比尔语、博杰普尔语、布恩德里语、恰蒂斯加尔语、贡德语、哈里亚纳语、印度斯坦语、卡瑙杰语、果达古语、喀奇语、摩揭陀语、马尔瓦尔语、图卢语	

三、地方主义对印度国家治理的影响

地方主义（Localism）于 20 世纪在利奥波德·科尔、E.F.舒马赫、温德尔·贝瑞和柯克帕特里克·赛尔等政治、经济及社会学家的著作中所被反复提及，主张将行政命令从中央下放到地方，从而使社会、经济和环境等问题更为明确，解决办法也更具针对性和效率性。这在当时是作为一种提高行政效率、改善国家治理的手段而受到了推崇的。[①] 然而，随着二战后民族独立运动的高涨，地方主义与民族主义相结合逐渐成为影响多民族国家治理效力的重要阻碍，而独立后的印度国家治理同样饱受各种形式地方主义的困扰。

首先，地方主义增加了印度行政管理的难度与成本。印度行政效率一直以低下而闻名，其中一方面是由于沿用西方民主制所留下的痼疾，另一方面也是由于地方主义增加了行政管理的难度与成本所导致的。伴随着行政成本的增加，效率低下与腐败就自然成为印度现代化重要阻碍，这也是莫迪自 2014 年上任来大力推行废钞令和消费税改革的主要原因。其中，"消费税改革"尤其凸显印度地方主义与莫迪式联邦改革之间的对立冲突。此前，由于地方主义之间的"割裂"，印度任何商品在国内销售都要面临至少 17 种不同的邦税和联邦税，极大地阻碍了印度统一大市场的建立。印度历任总理都认识到地方主义对于经济发展的严重阻碍，但都苦于竞选压力而不得不向地方利益集团屈服。[②] 自 20 世纪 90 年代起，时任印度总理的辛格便将消费税改革提上日程，但受困于政治体制而屡屡受阻。莫迪上台后，借助于印度人民党在议会中的强势而推行这一改革，最终于 2017 年 7 月 1 日起才取消了十数种地方税及联邦税[③]，以统一税率来清除地方主义对于经济发展的阻碍。

其次，地方主义提高了印度国家"再破碎"的风险。长期以来，印度

① Assema Sinha, "Understanding the Rise and Transformation of Business Collective Action in India," *Business and Politics*, Vol. 7, No. 2, 2005, p. 98.

② Anirban Nag, Vrishti Beniwal, "GST: India's big tax reform paying off, but budget hole fears stay," Jul 03, 2018. https://economictimes.indiatimes.com/news/economy/indicators/gst-indias-big-tax-reform-paying-off-but-budget-hole-fears-stay/articleshow/64835815.cms. 访问日期：2022 年 1 月 11 日。

③ Rajesh Kumar Singh, "India launches new economic era with sales tax reform," REUTERS, July 1, 2017. https://www.reuters.com/article/us-india-tax/india-launches-new-economic-era-with-sales-tax-reform-idUSKBN19L2UM. 访问日期：2022 年 3 月 23 日。

的分离势力呈现出内外两种不同的态势，一是表现出脱离印度的倾向，二是表现出"内部再破碎"建立"高度自治邦"的政治诉求。自 2000 年北阿坎德邦脱离北方邦独立，其示范作用就导致北方邦另外 5 个区域要求单独成邦，并由此引起了一系列的社会混乱。特伦甘纳邦于 2009 年自安得拉邦分离出来后，印度内部"再破碎"的趋势更明显，诸多地区纷纷提出了单独建邦自治的要求。如印度西北部西孟加拉邦大吉岭地区的尼泊尔族人要求成立"夹可哈兰邦"，拉贾斯坦邦则有少数族裔要求成立"玛鲁邦"，印度南部的喀拉拉邦及卡纳塔克邦部分地区的图鲁人要求独立成邦[①]，曼尼普尔邦的"人民解放军"则主张与缅甸梅泰人合并建国，该邦的库基人也有单独建邦的呼声。位于印度东北部的阿萨姆联合解放阵线、波多民族民主阵线、波多解放猛虎力量等势力更是一直谋求脱离印度。由此可见印度各地方邦内部也存在着"再破碎"的风险，而这已经对于国家安全稳定带来了威胁。

再次，地方主义削弱了印度边疆地带的"社会屏障"。目前印度分离主义势力主要分布在东北、西北和南部三个地区，而代表这三个地区的西孟加拉邦、旁遮普邦以及泰米尔纳德邦恰恰是地方政党实际控制的地区，在相关事务上保持着相当的自治与独立。印度联邦虽然能够调动军队在当地实现强力控制，但由于地方主义是深深扎根于基层民众之中，且在边疆外势力影响之下进一步加深了离心倾向，从而使得边疆的"社会屏障"变异为"渗透通道"。如印度东部的西孟加拉邦就一直是印度的"化外之地"，自 1977 年起印共（马）领导的左翼阵线便一直维持在西孟加拉邦的统治，直到 2013 年才被草根国大党所取代，但这次更替依然没有改变西孟加拉邦处于地方政党控制之下的状况。正是由于这 40 年间联邦政府缺乏对于

---

① Geeta Mohan, "Kashmiri separatists to join forces in pro-Khalistan rally in London," *India Today*, August 3, 2018. https://www.indiatoday.in/india/story/kashmiri-groups-to-support-sfj-s-august-12-pro-khalistan-rally-in-london-1303958-2018-08-03. 访问日期：2022 年 1 月 11 日。

西孟加拉邦的有效管制，使得印孟两国边界的人口流动犯罪日益猖獗。[①]
自 2005 年起，印度联邦政府便在东北部施行"全国公民登记机构 NRC"
（National Register of Citizens）以驱逐非法移民，但在地方势力的掣肘下
始终无法取得进展。2017 年 7 月 30 日，在莫迪总理的支持下，印度内政
部公布了一份 400 万人的驱除清单在国内引起了巨大的震动[②]，而西孟加
拉邦首席部长班纳吉（草根国大党）更是痛斥执政党不顾人道，认为其试
图通过"分而治之"以达到自身的政治意图，消极对待"全国公民登记机
构 NRC"在西孟加拉邦的开展。[③] 由此可见，地方主义不仅在边疆地带无
法成为联邦的"屏障"，反而增加了联邦政府管控边疆的难度与治理成本，
威胁到了国家的政治安全与经济发展。

第二节 外部支持：远距离民族主义影响下美国印裔的支持

"远距离民族主义"（Long Distance Nationalism），又称"祖籍国民
族主义"，具体是指"分布于世界各地的离散族群与祖籍国之间依然维系
着强烈的身份认同和民族主义情绪（甚至比祖籍国的民族主义者们更加激
进），并由此所发起或参与的社会运动成为影响族群所在国政治生态的重

---

① Roshan Kishore, "Who is to blame for the crisis of the Left in India?", Livemint, Nov 05, 2017. https://www.livemint.com/Opinion/AlQlVJ8thUoei3LSTiL7TP/Who-is-to-blame-for-the-crisis-of-the-Left-in-India.html. 访问日期：2022 年 4 月 6 日。

② "NRC needed to weed out illegal immigrants, says Rajnath; assures no Indians will be excluded," *Hindustan Times*, Sep 08, 2018, https://www.hindustantimes.com/india-news/nrc-needed-to-weed-out-illegal-immigrants-says-rajnath-assures-no-indians-will-be-excluded/story-yA2tV6wti9IEBHHQBSTs0L.html. 访问日期：2022 年 3 月 16 日。

③ Harmeet Shah Singh, "PSE: Didi, Sonowal gain popularity in Bengal and Assam, Rahul Gandhi soars in Meghalaya," *India Today*, October 12, 2018. https://www.indiatoday.in/elections/story/pse-india-today-mamata-sonawal-rahul-gandhi-wb-assam-meghalya-1366929-2018-10-12. 访问日期：2022 年 2 月 22 日。

要力量"。^①这种离散族群的政治实践在 19 世纪至 20 世纪的美国移民社会中开始有突出的表现，逐渐成为美国内政外交中重要的决策考量因素，同时也吸引了学术界的持续关注与研究。1992 年，美国著名政治学家本尼迪克特·安德森（Benedict Richard O'Gorman Anderson）在其代表作《远距离民族主义：世界资本主义与认同政治的兴起》中，正式将这种祖籍国民族主义现象定义为"远距离民族主义"^②，并经由人类学家尼娜·戈里珂·席勒（Nina Glick Schiller）等人的拓展而日益成为美国移民研究中的重要议题。我国由于是非移民国家，对于移民群体中民族主义情绪的差别化认识较为欠缺，尤其是针对"远距离民族主义"的研究更是存在诸多空白，目前国内仅有暨南大学梁茂春教授发表的《远距离民族主义：离散族群的跨国政治认同与实践》一文进行了开创性探讨。

本书立足于现有的国内外研究成果，并基于"远距离民族主义"的理论视域下，具体研究美国印裔"远距离民族主义"的特征、表现及其所产生的实质性影响。

一、美国印裔"远距离民族主义"的形成与发展

19 世纪末至 20 世纪初，美国印裔的族群人数得到迅速增长，并以万余人的规模一度成为美国的第三大亚裔群体。^③早期生活在美国的印度人大部分是东印（包括现今的孟加拉国和印度的西孟加拉邦）的海员和西印（巴基斯坦和印度的旁遮普邦一带）的农民，但他们之中有相当部分并没有取得当地合法身份，是旅居美国的侨民而非移民。

---

① 梁茂春：《远距离民族主义：离散族群的跨国政治认同与实践》，《世界民族》，2020 年第 1 期，第 64 页。
② Benedict Anderson, *Long-Distance Nationalism: World Capitalism and the Rise of Identity Politics*, The Wertheim Lecture, Amsterdam: Centre for Asian Studies, 1992.
③ 根据美国国土安全部资料，有记载以来的印度人移民美国始于 1820 年，但此后增长缓慢，直到 20 世纪初才有了千人以上的增长速度。

20世纪初的第一次世界大战期间，随着印度本土民族独立运动的兴起，美国印裔的"远距离民族主义"意识开始觉醒。英国在第一次世界大战中加大了对殖民地的盘剥，并为了争取印度兵源而在国大党的压力下承诺印度战后将成为英帝国内部的"自治领"。但是，战后的英国非但没有兑现承诺，反而对争取自身权益的印度民众进行了残酷镇压，并在印度旁遮普邦制造了"阿姆利则惨案"。[①] 当时美国印裔族群中的绝大部分（85%）都是来自印度旁遮普邦的农民[②]，因而对祖籍国所发生的惨案极为激愤，在美国积极参加针对印度的捐助和示威声援等政治活动。但是，由于美国和英国之间的盟友关系，以及美国白人对于亚裔移民的排斥和歧视，美国印裔的"远距离民族主义"情绪及行为引起了美国当局的强烈反感，不仅有众多印度侨民被驱逐出境，而且相继出台了诸多法律严格限制印度族群的移民。如美国最高法院于1923年裁定印度移民因肤色和文化不同而无法成为美国公民[③]，不仅从根本上否定了印度人移民美国的可能，还使得已经取得合法公民资格的印裔美国人而再度沦为美国社会的边缘群体。随着印度族群的数量以及社会地位的下降，美国印裔刚刚觉醒的"远距离民族主义"迅速归于沉寂，直到1946年美国《陆席—塞勒法》[④] 的出台才有所觉醒。

20世纪中后期，随着群体规模、人口素质以及经济地位的持续提高，美国印裔的"远距离民族主义"在政治社会等各个领域都有所活跃，"利印"不仅仅是一种政治口号/姿态，而是日益演变为不断推进的政治实践。

---

① 阿姆利则惨案，是英国殖民军队于1919年4月13日对示威群众进行了无差别的扫射屠杀，殖民政府认为造成379人死亡，但后来印度官方政府则认为有约1000人亡于此次镇压之中。

② 滕海区：《美国印度裔族群的形成及其经济成就探析》，《华侨华人历史研究》，2013年第2期月，第47页。

③ Arthur W. Helweg & Usha M. Helweg, *An Immigrant Success Story: East Indians in America, Philadelphia*, Pennsylvania: University of Pennsylvania Press, 1990, p. 55.

④ 1946年的陆席—塞勒法（the Luce-Celler Bill），不仅重新宣告印度移民的合法美国公民身份，同时还允许每年有100名印度人合法移民美国。

美国的印裔人口自 1965 年的 1 万人增长到 2020 年的 167 万余人，且人口素质的提高使印裔跻身美国高收入族群，这就为围绕祖籍国印度利益的"远距离民族主义"提供了物质基础，他们不仅通过"侨汇"在物质上推动了印度家人消费水平的提高和国家 GDP 的实质增长，更开始尝试利用自身在美国的社会地位发挥综合影响力。正如印度外交部刊发的著名战略家拉吉·莫汗（C. Raja Mohan）的言论，他认为"海外印裔人数众多且成就突出，他们成为印度崛起的最强支撑，同时也是印度在全球软实力的彰显"。[①]印度政府同样也在 20 世纪末期认识到海外印裔的巨大能量，因而在 2003年 5 月 6 日的内阁会议上修改了《印度国籍法》，决定给予旅居在西方主要发达国家（美国、法国、荷兰、英国、意大利、爱尔兰、加拿大、澳大利亚 8 国）的印裔以"双重国籍"的身份。随后又在当年 12 月 22 日再度通过国会议案，允许具有美国、英国等 16 国国籍的印裔人士同时申请获得印度国籍，承认他们的双重国籍身份。[②]印度政府的这一立场，既是对海外印裔支持印度发展的肯定，也是以"政治身份认同"的方式进一步激发海外印裔"远距离民族主义"的情感与行径。

21 世纪初期，印裔已经成为美国政治经济体系中最为重要的少数族裔群体之一，在美印关系的定位与互动中发挥着重要的政治影响力，他们利用所掌握的资源直接协助祖籍国印度克服所面临的内外问题。在这一时期，美国印裔的社会地位进一步提高，最突出的标志便是印裔进入了美国政治经济领域的"核心决策层"，无论是联邦 / 地方政府，抑或是大型企业都有大量的印度人进入领导层。他们利用自身所掌握的资源积极参与美国的政治活动，特别是对涉及印度利益的事务尤为关注，协助祖籍国实现在政

---

① C. Raja Mohan, "Indian Diaspora and 'Soft Power'," Ministry of External Affairs, Jan 6, 2003. https://www.mea.gov.in/articles-in-indian-media.htm?dtl/15256. 访问日期：2022 年 1 月 2 日。

② 中华人民共和国驻印度共和国大使馆，"印度的国籍政策"，https://www.mfa.gov.cn/ce/cein/chn/fyxz/t752480.html. 访问日期：2021 年 12 月 23 日。

治外交上的突破与经济文化上的发展。如2006年饱受争议的《美印核协议》①，之所以能够在两院通过，便有印裔在美国各界发挥综合影响的功劳：一方面，印裔美国人组成的游说集团积极争取参众两院的议员支持；另一方面，利用部分印裔的联邦官员的身份组织高层政要论坛，宣扬印度在核问题上的主张；再一方面，则是充分发动社会舆论，在美国著名媒体（如《纽约时报》《华盛顿时报》、美国国家公共电台等）进行公开辩护②，将一个本质为"核扩散"的议案包装成为维护"核不扩散机制"和"美印关系"的协定。由此可见，美国印裔的"远距离民族主义"已能够通过影响美国的核心决策层来实现对祖籍国的利益维护甚至是扩张。正如美国前参议员布隆贝克就曾对印裔的影响力发表过评价："美国印裔移民在各领域的成功推动了他们在政治领域的积极介入，如今印裔的影响范围和能力已经远远超出了他们实际人数比例。"③

二、美国印裔"远距离民族主义"的主要特征

席勒根据离散族群对祖籍国的立场不同，而将远距离民族主义者们分别标注了反殖民主义、分离主义、谋求政权变更以及跨国政治参与的特征标签。美国印裔在美国社会政治实践的历史进程中同样表现出以上特征，但却在新时代背景下表现出以下三个方面的独特性。

（一）精英主义色彩浓厚

美国印裔与旅居他国的印裔的最大不同，在于其自身的精英色彩极为

---

① 美国参众两院起初对《美印核协议》反对意向强烈，认为这违背了美国建立"核不扩散体制"的初衷，与美国的国家利益背道而驰。但在游说集团的争取之后，美国议员改变了立场，转向同意这样一份符合印度国家利益的核协定。

② Jason A. Kirk, "Indian-Americans and the US-India Nuclear Agreement: Consolidation of an Ethnic Lobby?" Working Paper, April 2007, p. 26.

③ Robert M. Hathaway, "Coming of Age: Indian–Americans and the US Congress," in Ashok Kapur et al. eds., *India and the United States in a Changing World,* New Delhi: Sage Publications, 2002, p.392.

浓厚，这在某种程度上受到了美国移民政策的影响。1965 年之前美国移民法所延承的是 1920 年基于"民族来源条款"的配额制，印度人移民美国只能通过有限的"家庭团聚型移民"，无论是人口数量还是素质都限制在较低水平。1965 年美国采用了新的移民法案——《移民与归化法》（又称为《哈特·凯勒法》），在废除配额制的同时强化了"技术性移民"的开放性，自此印度的各界精英开始了移民美国的浪潮。仅仅是该移民法案执行的最初 10 年之间，印度便有 2 万名科学家、2.5 万名医生、4 万名工程师移民美国，专业技术人才在印度移民总数中的占比高达 95%。[①] 当然，印度的知识精英对于美国的向往也是大量技术移民的重要原因，据自 20 世纪 70 年代以来的统计，印度高技术人才在发达国家中选择美国作为移民目的地的比重高达 80% 以上。[②]

由于美国印裔中的精英阶层比例较高，因而其所表现出"远距离民族主义"的政治活动，不仅仅有传统的游行示威、选举声援以及舆论宣传等，同时还有隐性的政治游说、经济协助与技术转移等具有典型精英特质的民族主义行为。如自 2001 年起印裔便进一步加强了对美国两党的游说，由此所形成的"美国国会印裔政策讨论会"成为印裔游说国会议员的重要平台，力争对本族群和祖籍国印度有利的决策。[③] 随着印裔影响力的不断扩大，美国众议院外交关系委员会前副主席詹姆斯·林德森（James M. Lindsay）早在 2002 年便曾预言过："在未来几年内，印裔美国人最有可能发展为一股重要的政治力量。"[④]

---

① Sunil Bhatia, *American Karma: Race, Culture and Identity in the Indian Diaspora*, New York: New York University Press, 2007, p. 14.

② Binod Khadria, "India: Skilled Migration to Developed Countries, Labour Migration to the Gulf," in Stephen Castles and Raul Delgado Wise eds., *Migration and Development Perspectives from the South* , Geneva: IOM, 2008, p. 83, pp. 85-86.

③ 刘军：《印裔美国人现状及对印度的影响》，《南亚研究季刊》，2007 年第 3 期，第 79 页。

④ Prema Kurien, "Who Speaks for Indian Americans? Religion, Ethnicity, and Political Formation," *American Quarterly*, Vol.59, No. 3, 2007, p. 762.

（二）跨国资本利益联结

当前美国跨国公司中，有相当大比例的首席执行官是由美国印裔所担任，因而他们在美国所表现出对祖籍国印度的"远距离民族主义"诉求，同时也是其所代表的跨国资本对于印度市场的利益需求。其中，印度作为全球的军购大国，美国军工复合体对于印度市场的潜力非常看重，希望借助地区局势紧张来刺激印度的民族主义以及美国印裔的"远距离民族主义"，推动美国军工产品在印度市场的扩张，而这也是印裔美国人维维克·拉尔（Vivek Lall）能够历任美国雷神、波音、洛克希德·马丁、通用原子等诸多美国军工巨头高级管理层的重要原因。维维克·拉尔极力推进美印之间的军售合作与军事技术交流，并在几乎所有美印军事合作项目上都发挥了至为关键的作用，这既是美国军工巨头所希望看到的结果，也是美国印裔借此推动印度军工产业及核心技术发展的目的。如2020年2月拉尔利用兼任美国联邦航空咨询委会成员的身份，对多项重要的美印航空航天、武器制造的交易合作发挥了关键作用，甚至可以说凭借一己之力推动了美国的"泛印度战略性工业合作"。[1] 此外，他还通过军工产业的特殊性，推动制造业供应链向印度转移，在他任职洛克希德·马丁公司期间便将关键且复杂的F16机翼生产线由以色列转移到印度[2]，推动了多项美式武器零部件的印度化生产。

诸如维维克·拉尔这类美国印裔高管的"远距离民族主义"情怀，在美国各个领域都存在，全美企业中任用印裔作为高管的公司达到了1/3，

---

[1] "Industrial security pact represents historic progression between India, US: Lockheed VP Vivek Lall," *The Economic Times*, January 09, 2020. https://economictimes.indiatimes.com/news/defence/industrial-security-pact-represents-historic-progression-between-india-us-lockheed-vp-vivek-lall/articleshow/73166684.cms?utm_source=contentofinterest&utm_medium=text&utm_campaign=cppst. 访问日期：2021年10月3日。

[2] Sanjeev Miglani, "Lockheed to begin supplying F-16 wings from Indian plant in 2020," September 26, 2019. https://www.reuters.com/article/us-lockheed-india-idUSKBN1WB1W5. 访问日期：20210年1月3日。

远远超过了其他少数族裔，尤其是在硅谷的互联网科技企业（如摩托罗拉、诺基亚、万事达、微软等）几乎都是印裔在担任首席执行官。因此，在看待美国印裔"远距离民族主义"的立场，同样要强调他们身份背后所代表的资本利益、市场需求以及为之所背书的政治掮客，他们之间的结合才推动了印裔"远距离民族主义"的持续深入。

（三）内外机制协同整合

与 20 世纪传统的"远距离民族主义"不同，进入 21 世纪以来印裔在行为上表现出高度的组织性，非常注重机制化建设，有效地推动了"远距离民族主义"目标的达成。

一方面，印裔通过建立并强化美印之间的政治合作机制，从而为"远距离民族主义"的目标达成提供切实有效且合理合法的官方渠道。印裔积极参与美国的政治活动，早在 1988 年的美国总统大选期间就有组织地为共和党、民主党分别募资 10 万美元和 65 万美元，向美国社会各界初步彰显了自身的政治能量。前不久在拜登当选后，印裔在美国政界的力量空前壮大，参加拜登竞选团队的 20 名印裔美国人中有 17 人担任了白宫关键职务，成为印裔在美国政界全面彰显影响力的标志，以至于拜登不得不承认"印裔正在接管美国"。[①] 凭借在政界的巨大影响力，印裔围绕美印关系建立了一系列的官方沟通渠道，如美印政治行动委员会（USINPAC）、美国国会的"印度和印裔族群连线"等都是印裔在美国政界发挥影响力，维护印度及印裔族群利益的政治工具。

另一方面，印裔强化自身的内部整合，增强自身凝聚力以巩固"远距离民族主义"的组织基础。随着印裔族群在数量和社会地位的不断提高，

---

① "Indian-Americans taking over US, says Joe Biden as they keep getting key positions," *The Economic Times*, March 05, 2021. https://economictimes.indiatimes.com/nri/work/indian-americans-taking-over-us-says-joe-biden-as-they-keep-getting-key-positions/articleshow/81341861.cms?utm_source=contentofinterest&utm_medium=text&utm_campaign=cppst. 访问日期：2022 年 1 月 11 日。

代表不同利益集团的印度族裔组织自 20 世纪 70 年代起便开始迅速崛起，范围涵盖了政治、经济、文化等各个领域。[①] 这些组织不仅没有像其他族裔组织那样相互竞争，反而相互协同、合作发展。如印裔美国人政治教育论坛（IAFPE）、美国印裔联盟（AIA）、印裔美国人协会全国联盟（NFIA）三大印裔组织在 21 世纪初便在华盛顿举行了联合会议，谋求合力扩大影响，并随后在美国国会山举行联合招待会，向社会各界彰显印裔的团结与社会影响力。此外，美国印裔移民在族裔间联合参政、诉讼、抵制抗议、利用大众媒体进行自身利益诉求和祖籍国权利的伸张等领域都取得了卓然的成效。[②]

整体来看，美国印裔的"远距离民族主义"虽然在宗旨上虽然是围绕祖籍国利益的目标而运作，但具体的做法已经突破了安德森和席勒所界定的"远距离民族主义"行为，即集会游行、暴力示威以及物资捐助等已经被政治游说、技术协助以及资本捆绑等所代替，而这种变化一方面是由于全球化背景下政治活动的变化，另一方面也是美国印裔的阶层本质所决定的。

三、印裔"远距离民族主义"的政治经济影响

"远距离民族主义"是一种由感性所支配的政治意图，但感性是即时、短暂甚至是冲动的，只有理性的"利益锚定"才可能实现这种感性的持续以及深入，而"利益锚定"的结果又必然是寻求政治经济的回馈或是影响力的拓展。基于这个视角，美国印裔的"远距离民族主义"之所以能够持续发酵，不仅是在情感上依然维系对祖籍国的留恋，同时也是因为政治经济利益的诉求以及影响力的彰显。

---

① Mark Sidel, "Diaspora Philanthropy from the United States," Peter F. Geithner et al. eds, *Diaspora Philanthropy and Equitable Development in China and India*, Cambridge Massachusetts: Harvard University Press, 2006, pp. 72-73.
② 滕海区：《论美国印裔族群的政治参与》，《南亚研究》，2014 年第 2 期，第 167 页。

一方面，印裔的"远距离民族主义"将会进一步深化美印之间的利益"求同"，而这种趋势会随着印裔影响力的不断扩大而日益凸显。早在拜登竞选期间就公开表示，"作为总统，我将继续依靠印裔美国人而把美印两国团结在一起"，而在他本人于2021年1月提名的内阁名单中，人口比例仅为1%的印裔美国人却贡献了20余名候选人，其中便包括副总统：卡玛拉·哈里斯。① 拜登政府无论是公开表态，抑或是实质上的人事安排，都充分体现了美国印裔的政治经济影响力。这种切实的影响力成为印裔践行"远距离民族主义"的重要平台和工具。拜登政府在美印贸易争端、克什米尔人权以及印俄军售合作等诸多议题上放弃了对印强硬立场，反而寻求实现准同盟关系的突破，如2021年年末签订的《地理空间合作的基本交流合作协议》与2022年初正在商谈的《海事信息共享技术协议》这两份军事协议，便在实际上已经将印美关系从普通的合作伙伴升级为"准盟友"的高度。

另一方面，印裔的"远距离民族主义"将成为"印太战略"的重要推力，是两国对华开展大国竞争的利益耦合点。由于美国始终秉持冷战思维，而印度与中国又存在着现实的领土争端，因此美印两国在对华竞争领域存在着利益"公约数"，并在"印太战略"背景下以"美印"为轴心先后形成美印日澳"四国联盟"、美印以阿"四边机制"等具有反华性质的合作框架。美国印裔支持印度地区利益的"远距离民族主义"将会在中美关系的持续紧张中得到掩护，同时为进一步深化"印太战略"下的两国合作提供契机与窗口，而两国关系的日趋紧密又会再度促进印裔在美国影响力的全面延展。这虽然对于全球的和平与发展是一个不稳定变量，但就美国印裔的自身利益而言，围绕中国议题的"印太战略"却是诡谲的"良性循环"。

---

① 卡玛拉·哈里斯，她本人名字中的卡玛拉（Kamala）一名是由她的印裔母亲 Shyamala Gopalan 所取，在印地语中寓意印度的国花"莲花"，表达了其对于祖籍国印度的深厚感情。

当然，美国印裔内部也存在着巨大的政治分歧，尤其是围绕国大党和印度人民党之间的意识形态和执政理念的差异而产生过诸多争议，如当前美国印裔高官便普遍对莫迪政府在克什米尔人权、农民权益等方面表示过不满。但这种不涉及第三国议题方面的分歧，并不影响印裔"远距离民族主义"对美印关系的塑造与加强。

第三节 典型成就：边防数字化建设得到持续优化

莫迪政府上任以来，极力推进边境地区的基础设施建设和数字化升级，一方面是基于传统安全方面兵力调遣的考虑，另一方面也是对于日益突出的非传统安全威胁的忧虑。在这样的背景之下，诸如"智能围栏"等数字化建设方案日渐成熟并逐步得到落实，其实际发挥的安全功效也得到了相关部门的认可。

一、印度边防数字化建设的现实需求

印度最早于 1993 便开始修建印孟边境墙以巩固边防，并于 2007 年实现了大部分印孟边界的隔离，但实际效果并不理想，尤其是在"阻止非法移居的孟加拉人进入、打击形式多元化的走私活动、防范所谓恐怖分子和武装组织"这三个领域表现得不尽如人意。这三大问题不仅仅是一个边防问题，其溢出效应已影响到了印度境内社会的安全与稳定，如阿萨姆邦原住民与非法移民之间日益尖锐的族群对立与宗教矛盾、印度各地频繁出现的暴力袭击和武装冲突，这都是由于传统边境墙的隔离作用没有充分发挥作用所导致的或直接或间接恶果。因此，对传统边境墙的优化升级便成为印度边防需要着力解决的现实问题，而围绕边防的数字化建设则成了最优

先的选择标的。

（一）依托数字化能力加强安全风险的甄别及预警

近年来，印度面临的非传统安全威胁不断增长，如非法移民、跨境犯罪集团、恐怖主义等都在不断冲击着印度内部社会的稳定，边防的安全压力正在不断攀升。边防管理的长期实践决定了其必须依赖于数字化等科技手段以实现边疆地区的安全与稳定，从而应对漫长且复杂的陆地边界线所带来的风险与挑战。通过对现代数字技术的贯彻应用，以科技边防作为边防管理的主要载体，着力强化对越境人员的实时甄别和持续跟踪。边境数字化建设的关键在于以设备监控为终端，以庞大的安全数据库为基础，以智能化的识别及预警能力为核心的出入境系统，着力核查非法越境人员的体貌特征和行动轨迹，识别数据库中标记的潜在恐怖分子、非法移民以及犯罪集团成员，实现即时且有效的监控、识别与跟踪，从而规避境外流入的安全风险。

如 2021 年的印缅边境便出现了大量武装分子随难民流入而无法甄别的安全困境，这凸显了数字边防在边境风险控制中的关键作用。2 月 1 日，缅甸总统温敏、国务资政昂山素季及一些民盟高级官员被军方扣押，并进入为期一年的紧急状态。随即，1.6 万余名因政局变化而寻求庇护的缅甸难民穿越以泰奥河（Tiau）为标志的边界进入印度东北三邦：米佐拉姆邦、曼尼普尔邦和那加兰邦，而一直活跃在印缅边境的印度叛乱武装分子也借此随难民入境。[①] 对此，印度中央政府高级官员在接受路透社采访时称："如果这些叛军越境，将为那加兰邦和曼尼普尔邦叛乱分子提供有生力量，这是一个真正的担忧……目前是印度东北部地区 30 年来最

---

① Rajeev Bhattacharyya, "Calls for Fencing the India-Myanmar Border Gather Steam Again," *The Diplomat*, November 18, 2021. https://thediplomat.com/2021/11/calls-for-fencing-the-india-myanmar-border-gather-steam-again/. 访问日期：2022 年 2 月 14 日。

严重的安全局势。"[①]

事实上，类似于印缅边境的问题在印孟、印巴边境上同样突出，严重影响了印度东北和西北各邦的社会稳定，庞大的安全支出及愈益激烈的宗教族群冲突不断冲击着印度的社会稳定。如果顺利实现边防的现代化升级，数字技术将能有效应对大量的难民涌入以及对武装团体人员的识别跟踪，印度安全官员所忧虑的边防困境将得到有效缓解。

（二）依托数字化体系有效降低边防人力资源投入

印度大部分边境地区的自然环境较为恶劣，甚至有些地方不适宜于安全部队的长期驻守，但安全问题的日益突出又迫使印度政府不断强化边防的人力投入，希冀用大量的军事资源来维系边境安全。为此，印度供养了一支世界上规模最庞大的边防部队，不仅冗员严重且派系繁杂（见表5-2），对于印度中央政府形成了巨大的财政压力。印度内政部负责整个国家的内部安全，2022-2023 财年的预算达 1.85 万亿卢比（约合 244.4 亿美元），同比增长 11.5%[②]，而仅仅是边防部队的费用支出（109.53 亿美元）便占到了整个国家内政安全费用的 44.8%，这还不包括用于国际边界基础设施建设、维护和管理的费用。与之形成鲜明对比的是，欧美部分发达国家由于边境相互开放而几乎没有边防成本，而中国作为世界上边界线最长的国家，边防部队的规模同样远小于印度。[③]

① Devjyot Ghoshal, "India frets as Myanmar's pro-democracy fighters cross border," Reuters, June 10, 2021. https://www.reuters.com/world/asia-pacific/india-frets-myanmars-pro-democracy-fighters-cross-border-2021-06-10/. 访问日期：2022 年 3 月 31 日。
② Government of India, Budget At A Glance（2022-2023）https://www.indiabudget. gov.in/doc/Budget_at_Glance/budget_at_a_glance.pdf. 访问日期：2022 年 2 月 28 日。
③ 根据国防白皮书，中国人民武装警察部队总员额为 66 万，具体人数不详。边防部队仅仅是武警序列的一部分，因而具体人数远小于印度的 58 万余人。

表 5-2 印度边防部队的主要组成 ①

印度边防部队名称	负责边境区域	2022 年部队规模（人）	2022—2023 财年预算（亿美元）
边境安全部队 Border Security Force	印巴、印孟	26500	30
阿萨姆步枪队 Assam Rifles	印缅	65143	8.738
印藏边境警察部队 Indo-Tibetan Border Police	印中	89432	9.792
印度边界巡逻队 Sashastra Seema Bal	印尼、印不	94261	10
中央后备警察部队 Central Reserve Police Force	印巴 （克什米尔）	313634	51
合计		58 万 8970 人	109.53 亿美元

注：印度边防部队归属内政部管辖，与归属国防部的作战军队不同。

按照印度政府对于数字化边防的设想，形成电子设备监控为主、快速反应部队机动部署的规划，印度边防部队的人数将会大幅压缩，相应的安全费用支出也会骤降，而节省的财政预算能用于更有价值的边疆基础设施建设和边贸交流，将有效改善印度的经济状况和社会的整体发展。

（三）依托数字化进程加速推进国内军民融合进程

印度政府清醒认识到本国国防项目的沉疴流弊、制造业基础薄弱、官僚体制效率低下的现实，并由此带来资金浪费、效率低下等诸多问题。

通过推动国防体系的数字化升级转型，则可以成为突破当前困境的重要选择，借助于"赛道切换"和印度民间企业在数字能力和软件领域的特殊优势，加速印度国防工业改革和军民融合的发展进程。其中，印度周边安全形势的紧张与实际压力成为中央政府推动改革最为重要的动力：一方面，传统边防基础设施无法满足边防部队的实际安全需求，一线官兵成为

① 笔者根据印度内政部官网的数据整理所得。https://www.mha.gov.in/.

边防数字化建设的直接受益者与坚定推动方；另一方面，印度在 IT 等数字领域的特殊优势，使得民间资本和技术进入边防建设成为最佳甚至是唯一的选择方案，这两个层面共同推动了印度边防基础设施的数字化转型与整个国防工业体系的改革升级。

二、世界主要国家边防数字化建设的比较借鉴

相较于美国及世界其他主要国家而言，俄欧既有强烈的安全需求，同时也有足够的物质与技术能力去支撑边疆安全体系的数字化提升，对印度及我国的影响和经验的借鉴也是最为直接的。

（一）俄罗斯：边防"智能体系"项目

俄罗斯联邦边防军虽人数有限但却装备精良，按照地方行政区划形成自上而下的管理体系，分别设立联邦管区边防局（军级）、边防分局（旅团级）、边防大队（营级）、边防所（连级）。全境共 950 多个边防所、60 多个边防分局，都依照行政单位进行分区管辖。联邦边防军除了边境警戒与驱逐之外，还负责港口与口岸的出入境人员证件核查、货物与交通工具的检查，同时具备执法管理与边境管辖的双重功能。但不可否认的是，俄罗斯作为世界上领土面积最大的国家，边境线总长达 6.1087 万公里[①]，东西最长为 9000 公里，南北最宽为 4000 公里。如此漫长的国境线，仅凭 18 万联邦边防军是很难实现边境的全线管控，诸如偷渡、走私以及恐怖分子渗透都是长期存在的威胁。因此，探索边防无人化、智能化管控便成为俄罗斯巩固边防的必然选择。

早在 2004 年初，俄罗斯国防部便根据新时代斗争的需要，具有前瞻性地制定了《俄罗斯联邦武装力量通信系统总体转向数字化信息传输与交

---

① 俄罗斯边界线总长度为 6.1087 万公里。其中，海界占总长的 63.7%，达 3.87404 万公里；陆界占总长的 23.8%，达 1.45574 万公里；河界占总长的 11.7%，达 7326.6 公里；湖界占总长的 0.8%，达 462.6 公里。

换的基本构想》以及《俄罗斯联邦武装力量第一期通信网分阶段相数字化远程通信设施过渡专项综合纲要》。这两份文件的出台，标志着俄罗斯军队开始了向数字化建军的过渡，而一体化数字通信网络的建设则意味着俄军传统的"一期网"和"二期网"等概念正在向"通信服务""网络接入"以及"电信服务"等前沿概念进行转化。[①] 此外，俄军还通过这两份文件向外界彰显了一体化数字通信网建设的最终目标，也即保障指挥过程的智能化、指挥功能的自动化以及各种信息系统和专业系统的一体化，落实现代形式的信息交换，建构指挥系统统一的信息空间，提高各级指挥机关以及一线作战人员综合利用信息资讯的能力。

自 2017 年起，俄罗斯陆地边防部队开始逐渐启用人工智能系统，利用数字化设备进行安全信息的收集和远程监控。人工智能系统将地面固定式与移动隐蔽式的技术监控装置相结合，将平面环绕与立体建构相补充，形成严密的数字化边防体系。此外，边防的"智能体系"还能够与其他数字化设备（如无人机、雷达站、地震传感器以及红外成像仪等）进行数据的传输、处理与共享，能够更全面地感知边境的总体安全态势。

边防"智能体系"作为高度一体化的综合数字系统，不仅实现了技术与组织的兼容，而且能够将数据传输设备与信息交换装置进行联结，实现数据链的及时共享与同步分解，最大程度上保证了"快速反应"能力。此外，在边防智能体系的统一网络中，能够对部署在边疆地区的功能性部门进行必要性的集成与整合，按照体系前端（数字化监控设备）所传输的信息种类及概属范围，利用数据交换或者信道交换的形式进行多类型信息（如数据、图像、语言以及视频等）的传输和处理，从而确保战时与非战时稳定的、

---

① "Russia completing formation of two armies near border with Ukraine – intelligence," Ukrinform, November 03, 2020. https://www.ukrinform.net/rubric-defense/2888433-russia-completing-formation-of-two-armies-near-border-with-ukraine-intelligence.html. 访问日期：2022 年 5 月 1 日。

统一的远程通信空间内部的战术信息交换。[①]

　　俄罗斯为了保障边防"智能体系"的顺利推进，在组织管理与基础设施上都进行了结构性调整。就组织管理而言，俄罗斯建立起国家统一协调的机构"国家电信委员会"，充分整合俄罗斯军方与联邦通信部、"通信投资"控股公司等公私部门间的合作，协调并积极引导通信网络的战略发展规划，从而使国防利益在通信网络发展的过程中得到充分的保障。[②] 通过"国家电信委员会"的建立，俄罗斯军方充分利用了联邦统一的电信网资源，并将军事通信指挥系统作为一个组成部分融入联邦通信基础设施建设。此外，就基础设施而言，俄军计划于未来数十年里大规模地铺设光纤通信线路，以改变目前通信基础设施落后的现状。这项工程建成后将会成为联结国防总局和中央局、武装力量总参谋部、后勤参谋部、军兵种参

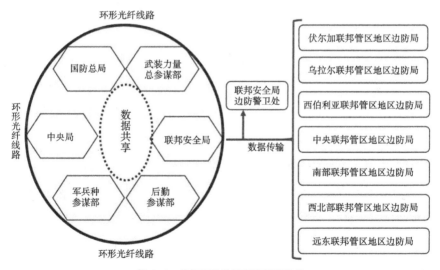

图 5-1　俄罗斯边防管理的指挥结构

[①]　"Defense Ministry suggests striking at Russian border violators," News Russian, September 17, 2020. https://news.ru/en/weapon/defense-ministry-suggests-striking-at-russian-border-violators/. 访问日期：2022 年 4 月 16 日。

[②]　"Federal Security Service," The Russian Government, http://government.ru/en/department/113/. 访问日期：2022 年 5 月 2 日。

谋部、莫斯科军区参谋部以及联邦安全局的环形光纤通信线路，以智能化、一体化以及网络化的标准实现战术信息与战役指挥之间的数据流通，保证各职能部门对态势的全局感知与战略反应的敏感度。

（二）欧盟："智能边界"的构成与管理

欧盟作为一个国家间的集团，边防的管理一体化始终是最重要的组成部分，而且"一体化"的概念又随着每一次的成员扩充而不断修正与调整。必须强调的是，边防管理的一体化在欧盟一体化的进程中占有非常特殊且重要的地位。一者，欧盟成员国之间由于边界管控的取消而增加了经济的活力与人文交流的频度，极大地推进了欧盟内部整合的进程。另者，欧盟边防管理一体化表现出的对外目标性，实质上巩固了成员国"内群体"的心理认知，巩固了历次扩充成员国的发展成果。因此，从这两个层面来讲，欧盟一体化程度与欧盟边防管理的一体化水平之间保持着必然的平衡，唯有如此才能够在质与量两个维度保证欧盟的一体化水平。

欧盟边防管理实践决定了其必须依赖于数字化等科技手段以实现边疆地区的安全与稳定。欧盟的每一次成员国扩充，便意味着边界线的外拓，也就必然对欧盟的边防管理水平提出更高的要求，以此对冲漫长的海岸线与陆地边界线所带来的风险与挑战。与此同时，大部分边境地区的自然环境较为恶劣，甚至有些地方不适宜边防部队的长期驻守，因而在常规状态下很难实现边防的有效管控，此时只有借助于数字化技术手段才能够履行边防的职责。此外，近年来欧盟面临的外部威胁也在不断增长，如非法移民、跨境犯罪集团、恐怖主义等都在不断冲击着欧盟内部社会的稳定，边防的安全压力正在不断攀升。在这样的现实背景下，欧盟为了有效维护边疆地区的安全，为了方便人员与货物能够快速过境，决心建立一条以数字化设备为主体的智能边界。

2013 年 2 月 27 日，欧盟委员会正式通过了有关"智能边界"（Smart Border）的一揽子协议，并着手开发记录第三国人员出入欧盟领土的出入境系统。[①]"智能边界"依赖于欧盟现今的数字技术、侦查技术以及成员国之间的情报网络，以科技边防作为边防管理的主要载体，着力强化边界的安全防护及风险管控。欧盟"智能边界"的关键在于以设备监控为终端，以庞大的安全数据库为基础，以智能化的识别及预警能力为核心的出入境系统。这套智能化的安全系统主要是核查出入境人员的身份证件和体貌特征，识别数据库中标记的潜在恐怖分子、非法移民以及犯罪集团成员，从而根除此前一直存在的盖假章事件，规避境外流入的安全风险。

欧盟的"智能边界"于2013年提出后，随后又于2017经欧洲议会公民自由、司法与内政委员会批准进行系统升级，总耗资达到32亿欧元，由所有的欧盟成员国共同承担。但此后由于叙利亚难民危机、英国脱欧、希腊等国金融风险的外溢以及新冠疫情的接连打击，欧盟外扩的进程不但被中断，甚至于一度出现了解体的危机，各国更无资金去维持"智能边界"系统的后续更新，这也为欧盟的边境安全与内部成员国的社会稳定留下了巨大的隐患。

（三）主要经验借鉴

世界主要国家的数字化进程都在不断推进，数字化也被广泛应用于国家及社会事务的各个层面，而边疆安全问题同样是数字化近年来主要涉足的领域。其中，俄罗斯以及欧洲国家都立足本国国情制定了详细的数字化发展战略与边疆数字化建设的具体方案，这些成功经验都是印度及我国推进边防数字化安全体系的重要参考。

其一，国家数字化建设的整体水平决定了边疆"数字赋能"的能力。边防的数字化建设必须立足于本国的数字化水平的整体提高。边疆存在的最重要意义就是作为屏障以保障内陆的社会经济发展，以此积累的物质力

[①] Proposal for a Regulation establishing an Entry/Exit System（EES）to register entry and exit data of third country nationals crossing the external borders of the Member States of the European Union, COM（2013）95 final, Brussels, February 28, 2013.

量来反哺边疆安全体系的升级。如果没有强大的国力与数字化战略作为支撑，边疆安全的数字化建设将会成为国家的巨大负担。目前提出或有边疆数字化建设规划的国家，无不是有着较强的技术储备与物质财富积累，且越是数字化能力和经济实力充裕的国家，其边疆安全的数字化建设便更先进。

其二，非传统安全威胁逐渐成为边疆"数字赋能"的主要动因。边疆安全体系数字化建设更强调非传统安全的挑战。以往的边疆安全都是传统意义上的地缘政治安全。冷战结束以后，和平与发展成为世界的主题，战争尤其是大国之间的战争风险骤降，因而边界在当前承担的传统安全风险已经下降。与之相反，"9·11"以后的恐怖主义威胁一直在不断上升，而美国在中东发起的多次战争又造成了难民、贫困、宗教纷争以及集团犯罪，这些不仅自身就是非传统安全威胁的重要方面，同时也为恐怖主义和极端主义提供了滋生的土壤。因此当前世界主要国家都将边界面临的非传统安全威胁作为最主要的挑战，并为此投入了大量人力与物力，构建更为先进的数字化安全系统以将潜在的非传统安全威胁排除在国境之外。

其三，数字集成共享是技术赋能与管理实践的关键契合点。相较于设备终端等数字化硬件设施，数字化集成与共享的软件系统才是边疆安全的核心所在。世界主要发达国家的边疆数字化建设，都必须以数字化的设备终端作为基础设施的主体，但真正发挥安全作用的却是设备终端背后的庞大数据库、数据处理能力以及通信数据链。如欧盟的"智能边界"是以出入境的身份识别、成员国家之间的安全与情报数据共享为支撑。通过软件系统集成式地整合人力资源、武器以及高科技监视设备，从而实现对边疆地区安全区域的实时监控与风险应对。

三、印边防数字化建设核心组成及建设进程

印度边防的数字化升级并非仅仅依靠某一类数字装备的技术功能，而

是依托核心技术与管理体系进行电子设备终端的部署与协调，是软件与硬件之间的兼容与拓展。目前，印度的边防所采用的是"边境电子监控——快速反应拦截技术"（下文简称 BOLD-QIT）[①]的技术管理体系[②]，具体可以区分为三个主要组成部分：其一，以"智能围栏"[③]为主体的数字设备终端，用以采集边境的动态安全信息；其二，以 CIBMS[④]为核心的边境数字化中枢，通过对"智能围栏"所收集的安全信息进行集成、分析、处理以及反馈，从而为边防危机应对提供决策依据和命令渠道；其三，以装备有单兵数字化设备的边防快速反应部队为执行端，根据 CIBMS 发布的任务指令进行即时的安全风险甄别与排除。

（一）"智能围栏"为主体的数字设施

"智能围栏"作为一款边境地区高度集成的数字化设备终端，主要承担起 BOLT-QIT 安全管理体系中的 BOLT 角色，具体是指前端的先进监视设备与技术，如热成像仪、基于红外和激光的入侵者警报、用于空中监视的高空气球（Aerostats）、有助于甄别入侵的无人值守地面传感器、雷达、声呐系统等以提高边界的"敏感度"，随后通过光纤传感器将即时信息传送至指挥控制系统，实时接收所有监控设备的数据，以保证指挥中心对于边境的全态势感知。

值得注意的是，"智能围栏"项目是由一家名为"智能围栏综合安防公司（SFIS）"[⑤]的印度本土企业提供技术支持，该公司自 1994 年以

---

① 边境电子监控——快速反应拦截技术，简称 BOLD-QIT，英文全称：Border Electronically Dominated QRT Interception Technique。

② "Union Home Minister launches Smart Fencing on Indo-Bangladesh border, an effective deterrence against illegal infiltration," Ministry of Home Affairs, March 5, 2019. https://pib.gov.in/Pressreleaseshare.aspx?PRID=1567516. 访问日期：2022 年 1 月 2 日。

③ 智能围栏，英文全称：Smart Fence。

④ CIBMS, 边境综合管理系统，英文全称：Comprehensive Integrated Border Management System。

⑤ SFIS, 智能围栏综合安防公司，英文全称：Smart Fence Integrated Security。

来便一直致力于为印度政府和国防部门提供智能安全围栏的服务，对机构所在地的周边安全环境进行实时监控、评估以及反馈。在这个过程中，"智能围栏"作为该公司的品牌产品得到了印度国防部门的高度认可，而其利用数字技术和设备来提高安全保障能力的理念也逐渐被广泛接纳和应用。

附5-1：智能围栏综合安防公司所服务的印度国防机构：

印度国防研究与发展组织（DRDO）

印度斯坦航空公司（HAL）

巴拉特电子有限公司（BEL）

印度空间研究组织（ISRO）

萨迪什·达万航天中心（SHAR）

印度国家遥感中心（NRSC）

马扎冈船坞造船有限公司（MDL）

……①

正是由于印度国防部门对于智能围栏综合安防公司的信任与认可，同时也是印度边境安全形势日益严峻的实际需要，该公司基于数字化技术和设备的"智能围栏"方案成为巩固印度边防的首要选择。但是，边境场域的特殊性与复杂性对"智能围栏"项目提出了诸多挑战，尤其是"智能围栏"项目的设备设施能否适应边境的特殊环境。"智能围栏"原先的工作环境是位于城市中的政府部门和国防科研机构，自然环境优越、基础设施配套完善且后勤保障能力的可持续性较强，但当该项目在边境地区具体落实时，以上的优越工作前提都不复存在，取而代之的可能是各种极端甚至是恶劣

---

① 笔者根据智能围栏综合安防公司的官网和公开信息中整理所得，http://www.smartfence.co/about-us/。

的自然环境和基础设施。如尼印边境的最低气温能达到零下40℃，而部分印孟边境却存在着高温高湿的高腐蚀环境，这些数字集成的智能设备能否在极端环境下依然保持长期有效运作、能否有效控制设备维护频率，这些都是"智能围栏"项目应当着重考虑的问题。不仅如此，印度与邻国还共享着世界上地形最复杂的边境，"智能围栏"的成本与实际功效面临严峻的挑战：如印孟两国虽然于1974年和2015年两次签订并修订的《陆地边界协议》，解决了两国之间大部分的飞地问题[①]，但新调整后印孟边界同样存在着边界线漫长且地形复杂（包括丘陵、湖泊溪流以及高山高原等）的环境，"智能围栏"项目不仅无法全面覆盖且无力做到发现后的快速反应，"智能"方案的必要性在起初受到了颇多质疑。

（二）CIBMS 为核心的边境数字化中枢

"智能围栏"项目的软件核心是作为智能中枢的边境综合管理系统（CIBMS）。CIBMS能够集成式地整合人力资源、武器和高科技监视设备，以弥补目前印度边境安全体系中的空白。它主要包含了三个组成部分：

——数字化监控设备，如传感器、探测器、摄像机、地基雷达系统、微型空气统计器、激光以及现有的国际边界全天候监视设备。

——高效的专用通信网络，包括光纤电缆和卫星通信，用于传输这些不同的高科技监视和检测设备收集的数据。

——指挥和控制中心，收集的数据将传送到该中心，以便向高级指挥官实时通报发生的情况，从而提供边境的综合图像。

---

① 在孟加拉国境内，有102个印度领土飞地，其中又包含21个孟加拉国的反飞地；印度境内有71个孟加拉飞地，其中包含3个印度反飞地。经过1974年和2015年两次签订的《陆地边界协议》后，绝大部分的飞地已经进行了重新划分，印度也因此丧失了大约40平方公里的领土，但依然遗留孟加拉国的一块飞地（Dahagram-Angarpota）尚未解决。

CIBMS 作为 BOLD–QIT 体系中的中枢联结，主要作用在于通过数字技术来整合人力、传感器、网络、情报、指挥和控制的解决方案，以提高不同层级的态势感知能力，以促进对边境即时出现的情况做出及时的知情、决策与快速反应。[①] 当指挥中心掌握到边界存在"入侵"等安全预警时，能够及时调动"边境安全部队"前往触发点进行安全风险的排除。QIT 作为终端输出，同样对数字化的技术与管理有着较高的要求，不仅要求信息指令的及时传达，还要能为边境安全部队的反应式部署以及任务执行提供精确的战场三维构图，从而确保风险的排除以及人员装备的安全。

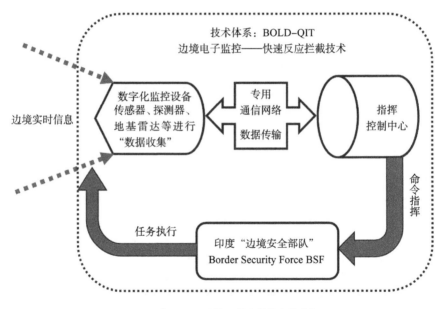

图 5–2　CIBMS 为核心的边境数字化中枢

---

① "CIBMS: BSF says work on hi-tech border surveillance project in progress, likely to be completed in 6-7 years," *Financial Express*, February 19, 2019. https://www.financialexpress.com/defence/cibms-bsf-says-work-on-hi-tech-border-surveillance-project-in-progress-likely-to-be-completed-in-6-7-years/1491876/. 访问日期：2020 年 11 月 3 日。

（三）快反部队为支撑的安全执行端

从根本上来讲，边防基础设施的数字化建设是为"人"的决策和行动而服务的，不仅要求提供更为快捷的命令渠道，同时也对具体执行安全任务的部队提出了较高的军事素质和设备要求，他们作为最后也是最为关键的一环，是整个边防数字化建设的目标和意义所在。因此，印度政府致力于精简当前庞大的边防部队、着力于构建一支装备精良且行动高效的"快速反应部队"。普遍意义上来讲，"快速反应部队"是一类军事或武装警察部队，旨在很短的时间内对紧急情况作出反应和即时干预。快反部队主装备以轻兵器为主，但通常训练有素，往往通过空降以及各类快速运输载具进行机动部署。

事实上，印度对于快速反应部队的建设是有一定历史经验的，负责西北边境——克什米尔地区安全的中央后备警察部队便有一支"快速行动部队"[①]（下文简称 RAF）的战斗序列。但是，RAF 并没有部署在边境地带[②]，而是自 1991 年成立以来便主要驻守在新德里及孟买，后经多次扩编形成 15 个特战营而分布在印度核心地带，受内政部直辖而无须听从地方邦或其他部门的指令。该部队自成立以来，不仅迅速处理了多起突发性恐怖袭击、暴动骚乱以及群体性事件，还作为特遣队参与了联合国在利比亚的维和任务。未来的印度政府如果想依托 BOLD-QIT 体系建设一支快速反应部队，那将很有可能是以目前的 RAF 为主要的模板，但需更加强调"快速运输载具"的大量配备和武器装备的持续补给，因为边境的复杂形势决定了快反部队要面临着更加严峻的安全压力。

---

① 快速行动部队，英文全称：The Rapid Action Force，简称 RAF，归属印度中央后备警察部队的战斗序列。

② 中央后备警察部队是负责印度的全域安全，仅有特派克什米尔地区的部队属于西北边防力量。因此，RAF 虽然属于中央后备警察部队，但却主要以内陆部署为主。

表 5-3　印度快反部队 RAF 的主要部署

序号	部队番号	所在邦	驻防地
1	103 营	德里	Wazirabad
2	91 营	北方邦	Varanasi
3	101 营	北方邦	Allahabad
4	104 营	北方邦	Aligarh
5	108 营	北方邦	Meerut
6	107 营	中央邦	Bhopal
7	83 营	拉贾斯坦邦	Jaipur
8	97 营	卡纳塔克邦	Shimoga
9	99 营	特伦甘纳邦	Rangareddy
10	100 营	古吉拉特邦	Ahmedabad
11	102 营	马哈拉施特拉邦	Mumbai
12	105 营	泰米尔纳德邦	Coimbatore
13	106 营	贾坎德邦	Jamshedpur
14	114 营	比哈尔邦	Hajipur Vaishali
15	194 营	哈里亚纳邦	Nuh

（四）印度边防数字化建设的具体进程

2018 年 9 月，时任印度内政部部长的拉杰纳特·辛格（Rajnath Singh）正式宣布在印巴边境地带启动首个"智能围栏"（Smart Fencing Project）的试点项目。这个项目涉及印巴沿线两个 5 公里区域，利用数字化设备进行边境地区的通信、监控、数据存储以及处理[①]，这也标志

---

① "Rajnath to launch India's first 'smart fence' project along India-Pak border tomorrow," *Times of India*, September 16, 2018. https://timesofindia.indiatimes. com/india/rajnath-to-launch-indias-first-smart-fence-project-along-india-pak-border-tomorrow/articleshow/65830264.cms. 访问日期：2022 年 3 月 15 日。

着印度开始有步骤地推进边防基础设施的数字化升级。随后的 2019 年 3 月，出于对非法移民和跨境犯罪控制的需要，印度又开始在沿孟加拉国边境一侧部署"智能围栏"项目[①]，以有效遏制并打击印孟边境的非法渗透活动。

2019 年，印度 – 巴基斯坦边境（10 公里）和印度 – 孟加拉国边境（61 公里）的两个试点项目的验收已经完成，极大地提高了印度"边境安全部队"发现和控制跨境犯罪的能力，如非法渗透、走私违禁品、贩卖人口和跨境恐怖主义等。随后为第二阶段和第三阶段的"智能围栏"进行积极准备，并论证在中印边境复杂地理气候条件下进行部署的可能性。[②]其中，第二阶段是分别沿印度 – 巴基斯坦和印度 – 孟加拉国边界，部署在 4 个区域覆盖 153 公里的边境地带。[③]第三阶段则在第二阶段基础上进一步规模扩大，在 67 个区域计 1802 公里范围内全面展开。[④]由于"智能围栏"项目耗资巨大，部署区域的选择定位为一种"辅助性功能"，也即在人力防控很难或无法实现的地区（地理气候复杂地区）进行补充性安排。

[①]　Shaurya Karanbir Gurung, "Smart fencing project along India-Bangladesh border hits rough weather," *The Economic Times*, September 17, 2018. https://economictimes. indiatimes.com/news/defence/smart-fencing-project-along-india-bangladesh-border-hits-rough-weather/articleshow/65845957.cms?from=mdr. 访问日期: 2022 年 2 月 26 日。

[②]　Rajesh Uppal, "Amid China Border Row, India has to upgrade it's smart and comprehensive fence integrated border management（CIBMS）to guard its long, difficult and porous borders," September 17, 2020. https://idstch.com/security/india-implementing-smart-and-comprehensive-integrated-border-management-cibms-to-guard-its-long-difficult-and-porous-borders/. 访问日期：2022 年 1 月 8 日。

[③]　"INDO-PAK NEWSIndia Installing Advanced 'Surveillance Systems' Along Sensitive India-Pakistan Border," *EurAsian Times*, February 19, 2019. https:// eurasiantimes.com/india-installing-advanced-surveillance-systems-along-sensitive-india-pakistan-border/. 访问日期：2021 年 10 月 31 日。

[④]　Arjun G, "India deploys Smart Fencing on Indo-Bangladesh Border," Redact, March 6, 2019. https://medium.com/redact/india-deploys-smart-fencing-on-indo-bangladesh-border-a8c17793c00b. 访问日期：2021 年 10 月 11 日。

附 5-2：**"智能围栏"** 项目于第二、三阶段共 71 个部署区域的 9 类选择标准：[①]

    a. 河流、三角洲和河口地区

    b. 洪涝和沼泽地区

    c. 溪流区

    d. 易受大雾影响的平原地区

    e. 边境人口稠密地区

    f. 丘陵地区

    g. 热带丛林地区

    h. 沙漠

    i. 其他不适宜地区

但是，2020 年中印加勒万河谷冲突以及新冠疫情的突发，中断了印度"智能围栏"项目的继续推进。其中，加勒万河谷冲突使得印度边境基建的重心向通道的建设与维护进行偏移，强化向边境地区的投射与后勤给养能力成为印度军方更为迫切的需求。新冠疫情的突发则在很大程度上影响了"智能围栏"项目的进展，这不仅仅是体现在工程的建设上，更直接体现在资金的紧张。就此前公开的信息，"智能围栏"项目于 2020 年基本上处于停滞状态，但是"智能围栏"的"智能"理念不断融合进了印度边境的前沿军事部署。

2021 年，鉴于此前（2019 年）71 公里"智能围栏"项目试点获得安全部门的认可，尤其是边境反渗透取得突出进展，印度内政部随即要求在安全形势最为突出的查谟–克什米尔地区 500 公里边界全面推进"智能围

[①] "General Studies-3; Topic- Security challenges and their management in border areas," Insights Mindmaps, February 2019. https://www.insightsonindia.com/wp-content/uploads/2019/02/Comprehensive-Integrated-Border-Management-System-CIBMS.pdf. 访问日期：2021 年 11 月 3 日。

栏"项目。①7月16日，印度内政部部长阿米特·沙阿在第18届边境安全部队（BSF）授职仪式上公开发表演讲称："印度陆地边界的无围栏缺口将在2022年之前全部被封闭，并逐步逐批地推进'智能围栏'项目，从而覆盖武器、毒品、走私泛滥和恐怖分子渗透的地区。"②

总体来看，印度受限于国家体制以及财政上的具体困难，在以"智能围栏"项目为代表的边防数字化建设上推进缓慢，但印度中央政府的决心非常坚定，这一方面是由于印度边境安全问题的突出，另一方面也是由于"智能围栏"项目的实际功效得到了实战的检验。

四、印度边防数字化建设的问题及启发

自印度内政部部长的拉杰纳特·辛格正式宣布在印巴边境地带启动首个"智能围栏"的试点项目以来，该项目在印–孟、印–巴边境都发挥了一定的积极作用。其利用数字化设备进行边境地区的通信、监控、数据存储以及处理的技术治理理念，标志着印度开始有步骤地推进边境（防）基础设施的数字化升级。但是，边防数字化建设同样面临着财政支出巨大、技术人才匮乏以及后期维护困难等诸多现实困境，这些问题既是边防数字化进程不断迟滞的重要原因，同时也对未来的建设预期留下了体系上的疑虑。

（一）"智能围栏"项目存在的主要问题

印度在边境地区的"智能围栏"项目取得了一定的成就，但同样存在

---

① Rahul Tripathi, "Nod for integrated tech infra along 500-km Jammu border," *The Economic Times*, Jul 16, 2021. https://economictimes.indiatimes.com/news/defence/nod-for-integrated-tech-infra-along-500-km-jammu-border/articleshow/84454336.cms. 访问日期：2022年1月3日。

② "Home Minister Amit Shah says there will be no gap in India's 7500-km-long border by 2022," The Print, July 17, 2021. https://theprint.in/india/home-minister-amit-shah-says-there-will-be-no-gap-in-indias-7500-km-long-border-by-2022/698221/. 访问日期：2022年3月25日。

着巨大的困难。如财政开支巨大、基础设施薄弱、技术人才匮乏以及后期维护困难等诸多问题。这些问题的存在，本身就是对"智能围栏"项目的严重威胁，也是该项目进展缓慢主要原因。

其一，财政开支巨大，设备制造与维护高度依赖国外进口。承担"智能围栏"工程建设的主要是印度的塔塔电力公司（TATA Power SED）和英国的达特康公司（DAT Con）。[①]虽然塔塔公司声称这个项目是"印度制造"的象征，但主要的数字监控设备除了手持式热像仪（HHTI）之外，雷达、浮空器、光纤入侵检测系统、无人值守地面传感器和水下传感器等大都需要从国外进口。这无论是初期投入，还是后期的维护与更新都急需巨大的财政支持。事实上，后期二、三阶段建设的资金供给非常紧张。第一阶段两个试点的投入使用，便是由于财政匮乏致使原定计划（2016 年）向后推迟 2 年。[②]相较于第一阶段 2 个地区的 71 公里，后续两个阶段 71 个区域总计高达 1955 公里，这种支出规模使得捉襟见肘的印度政府恐怕很难兑现。尤其是新冠疫情的突发以及中印在拉达克地区的对峙，极大地消耗了印度近年来积攒的国力，后续阶段能否顺利推进将是一个巨大的疑问。

附 5-3：开支巨大的边境"浮空器"

"智能围栏"项目空中监控的主要载具——浮空器（Aerostat），无论是生存率还是效费比都极低。在印度的"智能围栏"项目中，浮空器可以实现空中 24/7[③]的通信和监视，是对边境安全保持敏感度的

---

① "Tata Power's border management system to fortify BSF," *The Economic Times*, July 13, 2018. https://economictimes.indiatimes.com/news/defence/tata-powers-border-management-system-to-fortify-bsf/articleshow/59253014.cms?from=mdr. 访问日期：2021 年 11 月 3 日。

② "Blighter's E-scan Radar Selected by Dat-Con Defence for Indian Border Security Pilot," CISION PR Newswire, February 14, 2019, https://www.prnewswire.com/ae/news-releases/blighter-s-e-scan-radar-selected-by-dat-con-defence-for-indian-border-security-pilot-806426820.html. 访问日期：2022 年 4 月 1 日。

③ 24/7，是指一周 7 天 24 小时实现空中的通信和监视。

重要一环。但是，浮空器是氦气充填，充一次便需要 10 万卢比[①]，仅
1 只浮空器的年基本支出便高达 480 万卢比（仅指氦气充填，不包括
维修更新等）。不仅如此，昂贵的浮空器还面临着恶劣的生存问题。
据印度《经济时报》报道，印度边境的浮空器主要在中低空，最大升
高不会超过 3000 米，而这个距离恰恰是大多数肩扛式防空导弹，甚
至是狙击步枪的射程。[②] 因此活跃在中低空的悬空器面临很大的生存
危机，往往成为边境游击武装"理想的射击练习靶标"。

其二，基础设施落后，尖端技术设备与边界基础设施现状不兼容，无
法满足数字化设备所需的使用条件。"智能围栏"项目在某种程度上对于
印度而言是相对超前的，数字化的底层基础——工业化尚未完成，前工业
时代的基础设施条件无法支撑起数字化设备所需的各类技术要求。印度边
境地区多为山区（印中、印巴以及印尼）和河流沼泽带（印孟边界），基
础设施薄弱，普遍没有实现电力覆盖，（个别）边境村落与边防哨站所有
的仅是"单相电"供给（即民用电压 220V），这对于"智能围栏"投入
的数字设备而言，"单相电"是远远无法满足。对于成规模化的传感器、
地面雷达以及声呐等设备而言，只有"三相供电"的 380V（即工业供电
标准）才能维持基本运作。[③] 但如果要在边境地区进行"三相供电"的线
路铺设以及其他基础设施的配套，其成本甚于"智能围栏"本身的资金投入。
即使是目前阶段能够不计成本地实现，但未来在印巴边境的克什米尔山区
以及中印边境的喜马拉雅山区的推广则是无法想象的。

---

① 10 万卢比，折合人民币 9000 元左右。
② 俄罗斯"针-S"型肩扛式防空导弹，最大射程达 6000 米，最大射高达 3500 米。
部分狙击步枪的射程也能达到 2000 米以上。
③ "Fundamentals of Smart Metering – kWh and kVArh Meters，" Engineering
Institute of Technology, https://www.eit.edu.au/resources/fundamentals-of-smart-
metering-kwh-and-kvarh-meters/. 访问日期：2022 年 3 月 10 日。

其三，基于数字化装备的快速反应部队即使得到了数字化设备的数据支持，在目前印度军队的投射能力以及后勤保障下也很难达到"快速反应"的标准，只能是根据突发情况进行布防的调整或者是追踪。"直升飞机"是快速反应部队的主要投射载具，目前印度共拥有722架直升飞机，但陆军航空兵所有的仅占35%左右（约257架），而直接负责边防的主力部队BSF直至2017年也仅有5架左右[1]，这相对于拥有1.4万余公里陆地边界的印度而言，显然是远远无法达到"快速反应"要求的。即使是纵向比较，印度的直升机总数也仅为中、俄两国的1/2，美国的1/8，不仅数量上有巨大差距，而且在边防上所面临的国内武装与境外对峙的压力也甚过于以上三国。[2]

表5-4　印度陆军所属直升机数量

印度陆航装备			
直升飞机型号	原产国	类型	数量（架）
HAL Dhruv	印度	通用型	163
HAL Rudra	印度	武装通用型	58
HAL Chetak	法国	通用型	4
HAL Cheetah	印度	通用型	32
合计			257

注：数据来源：《世界空中力量2020》[3]。

---

[1]　The International Institute of Strategic Studies, The Military Balance 2017, *Routledge, Chapman & Hall, Incorporated.* February 14, 2017, p.212.

[2]　"Chinese helicopters spotted along Sino-India border in Eastern Ladakh," *The Economic Times*, May 12, 2020, https://economictimes.indiatimes.com/news/defence/chinese-helicopters-spotted-along-sino-india-border-in-eastern-ladakh-sources/articleshow/75692776.cms?from=mdr. 访问日期：2022年1月30日。

[3]　"World Air Force 2020," Flight Global, May 4, 2020. https://www.flightglobal.com/reports/world-air-forces-2020/135665.article. 访问日期：2022年3月12日。

其四，数字化设备的操作与运营缺乏训练有素的技术人员。由于印度的边防部队实行轮换制，每次轮换都意味着专业技术水平能力的下降（甚至是部分丧失），这也就在轮换期间人为地制造出了"智能围栏"项目的盲区。此外，印度兵源大多源于"种姓"，"当兵"是种姓框架下的世袭职务，兵源的素质便没有了太多的筛选空间。

其五，维修与保养问题是严重制约边境安全可持续性实现的主要瓶颈。数字化时代是一个"多依赖"时代，这主要是由于"非线性的错综复杂"往往导致了多依存寄主的出现，任何一方的问题都可能形成"蝴蝶效应"导致整个体系的崩溃。印度的"智能围栏"同样是一个高度复杂的设备与技术体系，电力、网络以及设备等都需要投入大量的人力与资金，才能保障该项目的正常运行。在印度无法实现设备国产化的前提下，更增加了该项目维修保养的困难度，不仅无法通过内循环实现国内企业的订单供给，反而还导致财政缺口与外汇消耗的日趋严重。

总体来看，印度的边防数字化进程还在推进，虽然可能存在着诸多问题与弊端，但不可否认印度目前已经取得了一定的成就。这些成就即使无法在短时间之内形成规模化的效益、全局性的战略力量，但作为一种技术理论的验证却已证明了其价值以及未来的发展方向。

（二）印度边防数字化建设对我国的启发

印度与我国同为世界上陆地边境线最长的国家之一，因此印度的边境智能化建设对于我国不仅有着一定的借鉴意义，同时也应当时刻警惕关注与动态追踪。针对印度的"智能围栏"项目的构成、进展与问题，我国的智能边疆建设应当在以下几个方面进行思考与应对。

首先，边疆安全治理正由"人事驱动"向"技术驱动"转型升级。"技术"作为边疆安全治理的支架，旨在于促进边疆社会稳定发展的目标实现，以往的"工具"标签表明了其在"人事驱动"下的治理体系中仅仅是辅助性的存在。但是，随着技术能力的不断提高，尤其是数字技术所代表的人工智能，致使人类的决策与行为往往更为依赖于数字设备、数据分析甚至是智能决策，"技术驱动"的发展态势已日益凸显。在边疆安全治理的实践中，主要安全部门的组织调整正围绕新设备和新技术的需要进行功能性的部门/工作组划分，人虽然是使用数字技术的主体，但对于技术进步的"被动适应"却逐渐成为今后边疆安全治理的新常态。

其次，依托数字技术推进边疆多元主体共建共治共享的安全治理格局。印度边境"智能围栏"项目目前所面临的困境很大程度上是由于"单一化"，即单纯地将边境乃至于边疆地区的数字化建设归列为一种军事/安全任务，并没有充分调动起地方基层、相关企业及组织的主观能动性，因而导致配套不平衡、日常损耗巨大、技术人员供给匮乏等诸多现实问题。事实上，生产力的发展导致生产关系的调整，数字技术的进步改变的不仅仅是生活的体验，而是社会治理体制由单一主体管理向多元主体治理的过渡。科技赋能边疆安全治理，使得涵盖安全在内的政务下沉到基层社区、企业、组织以及民众，社会个体可以利用自身的数字设备或平台即时加入智能边疆的安全建设之中。因此，边疆社会在科技的支撑下正逐渐形成一个共建、共治、共享的安全共同体，这既是数字技术所创造出的新治理格局，同时也为我国边疆数字赋能的未来发展明确了方向。

最后，"智能边疆"是边疆安全治理现代化的重要组成。边疆安全治理的现代化是治理能力与治理体系的现代化，"数字赋能"则是从技术治理的角度推动了治理能力与治理体系的进步。数字/人工智能技术所建构出的"网格治理组织体系"是基于对传统的"碎片化组织体系"的整合与改良，改变了以往安全职能部门之间各自为政、缺乏协同的松散格局，而是通过技术链条将跨域跨部门的协同流程进行串联或并联，实现安全资源的共享、安全合作的协同与安全流程的共操。以数字技术为支撑的扁平化治理体系，更具灵活性与开放性，利于安全主管部门能够迅速实现信息的整合与决策的制定，提高安全行政效能，实现边疆安全治理能力的现代化。

参考文献

中文文献

［1］陈金英：《社会结构与政党制度》，上海人民出版社，2010 年。

［2］尚会鹏：《种姓与印度社会》，北京大学出版社，2001 年。

［3］曹小冰：《印度特色的政党和政党政治》，当代世界出版社，2005 年。

［4］楼春豪：《印度财团的政治影响力研究》，时事出版社，2016 年。

［5］吴敬琏主编：《从威权到民主：可持续发展的政治经济学》，中信出版社，2008 年。

［6］陈峰君：《印度社会与文化》，北京大学出版社，2013 年。

［7］罗梅什·杜特：《英属经济史》中译本，三联书店，1965 年。

［8］陈峰君：《印度社会述论》，中国社会科学出版社，1991 年。

［9］滕海区：《论美国印裔族群的政治参与》，《南亚研究》，2014 年第 2 期。

［10］梁茂春：《远距离民族主义：离散族群的跨国政治认同与实践》，《世界民族》，2020 年第 1 期。

［11］滕海区：《美国印度裔族群的形成及其经济成就探析》，《华侨华人历史研究》，2013 年第 2 期。

［12］刘军：《印裔美国人现状及对印度的影响》，《南亚研究季刊》，2007 年第 3 期。

［13］中华人民共和国驻印度共和国大使馆，"印度的国籍政策"，https://www.mfa.gov.cn/ce/cein/chn/fyxz/t752480.html。

英文文献

［1］Rifle Factory Ishapore, "Our History," http://ddpdoo.gov.in/unit/

pages/RFI/our-history1.

［2］Stephen Leslie（ed.）, *Dictionary of National Biography*, London: Smith Elder & Co, 1889.

［3］ "East India Company," *Encyclopædia Britannica Eleventh Edition*, Volume 8, 1911.

［4］India Army, "History of Army Ordnance Corps," https://indianarmy. nic.in/Site/FormTemplete/frmTempSimple.aspx?MnId=qJQNtgecvp8LmM CfNfGEBw==&ParentID=D/PZmVR+9aqBphxbpwffQQ==&flag=nfvGP/ w6PYCVNPiKPhd5dw==.

［5］Simon Darvill, *Industrial Railways and Locomotives of India and South Asia*, Birmingham: Industrial Railway Society, 2013.

［6］India Army, "History of Army Ordnance Corps," https://indianarmy. nic.in/Site/FormTemplete/frmTempSimple.aspx?MnId=qJQNtgecvp8LmM CfNfGEBw==&ParentID=D/PZmVR+9aqBphxbpwffQQ==&flag=nfvGP/ w6PYCVNPiKPhd5dw==.

［7］Hindustan Aeronautics Limited, "Our History," https://hal-india. co.in/Our%20History/M__111.

［8］Narendra Modi, "India's defence sector is moving ahead with transparency, predictability & ease of doing business," February 22, 2021. https://www.narendramodi.in/text-of-pm-s-address-during-webinar-on-effective-implementation-of-budget-provisions-in-defence-sector-554083.

［9］Priya Satia, Empire of Guns: *The Violent Making of the Industrial Revolution*, Redwood City: Stanford University Press, October 2019.

［10］Robert S. Anderson, "Patrick Blackett in India: Military Consultant and Scientific Intervenor, 1947-72," *Notes and Records of the Royal Society of London*, London: Royal Society, Vol. 53, No. 2, May, 1999.

［11］T. S. Subramanian, "BrahMos tested in steep-dive mode," *The Hindu*, March 22, 2018. https://frontline.thehindu.com/other/article30167722.ece.

［12］Hicks, Josh, "Boehner agrees with Pelosi: Name federal building after 'Tip' O'Neill," *The Washington Post*, Nov 26, 2012. https://www.washingtonpost.com/news/federal-eye/wp/2012/11/27/boehner-agrees-with-pelosi-name-federal-building-after-tip-oneill/?noredirect=on&utm_term=.6bfaa0cb3c2f.

［13］Verinder Grover, *Political Parties and Party System*, Deep and Deep Publication, 1997.

［14］Shalenda D. Sharma, *Development and Democracy in India*, Lynne Rienner Publisher, Inc., 1999.

［15］Pradeep K. Chhibber, John R. Petrocik, The Puzzle of Indian Politics: Social Cleavages and the Indian Party System, *British Journal of Politics Sciences*, Vol. 1, No. 2（Apr., 1989）.

［16］Zoya Hasan, *Parties and Party Politics in India*, Oxford University Press, 2002.

［17］M. L. Ahuja, *General elections in India: Electoral Politics, Electoral Reforms and Political parties*, published by Icon Publications Pvt. Ltd. New Delhi, 2005.

［18］Babulal Fadia, *Pressure Groups in Indian Politics*, New Delhi: Radiant Publishers, 1980.

［19］Paranjoy Guha Thakurta and Kalimekolan Sreenivas Reddy, "Press Council Sub-Committee Report 'Paid News': How Corruption in the Indian Media Undermines Democracy Preface," April 1, 2010.

［20］Rob Jenkins, *Democratic Politics and economy reform in India*, Cambridge university press, 1999.

［21］Sanjana, "The Reddy Flag Over Bangalore," 21 Sep, 2013. http://www.tehelka.com/story_main39.asp?filename=Ne140608thereddyflag.asp.

［22］Padma Charan Dhal, Kalyani Jena, *Nalini Prava Mohanty, Indian Society and Culture*, New Delhi: Atlantic Publishers & Distributors（P）Ltd, 2013.

［23］Arvind Virmani, "Economic Reforms: Policy and Institution, Some Lessons from Indian Reforms," *ICRIER Working Paper 12*, January 1, 2004.

［24］B. Mallikarjun, M. S. Thirumalai, "Mother Tongues of India according to the 1961 Census," 5 August, 2002. http://www.languageinindia.com/aug2002/indianmothertongues1961aug2002.html.

［25］Robert D. Putnam, "Diplomacy and Domestic Politics: The Logic of Two-Level Games," *International Organization*, Vol.42, No.3, 1998.

［26］Kiran Pal, *Tension Areas in Center-State Relations*, Suhrid Publications, 1993.

［27］Amitabh Mattoo and Happymon Jacob, *Shaping India's Foreign Policy: People, Politics and Places*, Har — Anand Publication.

［28］A. R. Desai, *Rural Sociology in India, Popular Prakashan*, Bombay, Fith Edition, 1978.

［29］Nelanshu Shukla, "Congress workers to welcome Rahul Gandhi in Amethi with shiv bhakt posters," September 23, 2018, https://www.indiatoday.in/india/story/congress-workers-to-welcome-rahul-gandhi-in-amethi-with-shiv-bhakt-posters-1347242-2018-09-23.

［30］Baden Powell, *The Indian Village Community*, Cosmo Publication, 1972.

［31］G.V.L.Narasimha Rao and K. Balakrishnan, *Indian Elections: the Nineties*, Har — Anand Publication, 1999.

［32］B. S. Bhargava, *Panchayati Raj System and Political Parties*, Ashish Pub House, 1979.

［33］J. R. Siwach, *Dynamics of Indian Government and Politics*, Sterling Publishers Private Limited, 1990.

［34］Mckay James, "An Exploratory Synthesis of Primordial and Mobilizational Approaches to Ethnic Phenomena," *Ethnic and Racial Studies*, Vol. 35, No.2 January 1,1982.

［35］Office of the Registrar General & Census Commissioner, "Research on Sample Micro-Data from Census," Ministry of Home Affairs, 24 May, 2013. http://www.censusindia.gov.in/2011census/workstation.html.

［36］Office of the Registrar General & Census Commissioner, "Abstract of speakers' strength of languages and mother tongues –2001," Ministry of Home Affairs, 2001. http://www.censusindia.gov.in/Census_Data_2001/Census_Data_Online/Language/Statement1.html.

［37］Assema Sinha, "Understanding the Rise and Transformation of Business Collective Action in India," *Business and Politics*, Vol. 7, No. 2, 2005.

［38］Anirban Nag, Vrishti Beniwal, "GST: India's big tax reform paying off, but budget hole fears stay," Jul 03, 2018. https://economictimes.indiatimes.com/news/economy/indicators/gst-indias-big-tax-reform-paying-off-but-budget-hole-fears-stay/articleshow/64835815.cms.

［39］Rajesh Kumar Singh, "India launches new economic era with sales tax reform," REUTERS, July 1, 2017. https://www.reuters.com/article/us-india-tax/india-launches-new-economic-era-with-sales-tax-reform-idUSKBN19L2UM.

［40］Geeta Mohan, "Kashmiri separatists to join forces in pro-Khalistan rally in London," *India Today*, August 3, 2018. https://www.indiatoday.in/india/story/kashmiri-groups-to-support-sfj-s-august-12-pro-khalistan-rally-in-london-1303958-2018-08-03.

［41］Roshan Kishore, "Who is to blame for the crisis of the Left in India?" Livemint, Nov 05, 2017. https://www.livemint.com/Opinion/AlQlVJ8thUoei3LSTiL7TP/Who-is-to-blame-for-the-crisis-of-the-Left-in-India.html.

［42］"NRC needed to weed out illegal immigrants, says Rajnath; assures no Indians will be excluded," *Hindustan Times*, Sep 08, 2018, https://www.hindustantimes.com/india-news/nrc-needed-to-weed-out-illegal-immigrants-says-rajnath-assures-no-indians-will-be-excluded/story-yA2tV6wti9IEBHHQBSTs0L.html.

［43］Harmeet Shah Singh, "PSE: Didi, Sonowal gain popularity in Bengal and Assam, Rahul Gandhi soars in Meghalaya," *India Today*, October 12, 2018. https://www.indiatoday.in/elections/story/pse-india-today-mamata-sonawal-rahul-gandhi-wb-assam-meghalya-1366929-2018-10-12.

［44］Benedict Anderson, Long-Distance Nationalism: *World Capitalism and the Rise of Identity Politics*, The Wertheim Lecture, Amsterdam: Centre for Asian Studies, 1992.

［45］Arthur W. Helweg & Usha M. Helweg, *An Immigrant Success Story: East Indians in America*, Philadelphia, Pennsylvania: University of Pennsylvania Press, 1990.

［46］C. Raja Mohan, "Indian Diaspora and 'Soft Power'," Ministry of External Affairs, Jan 6, 2003. https://www.mea.gov.in/articles-in-indian-media.htm?dtl/15256/.

［47］Jason A. Kirk, "Indian-Americans and the US-India Nuclear Agreement:

Consolidation of an Ethnic Lobby?" Working Paper, April 2007.

［48］Robert M. Hathaway, "Coming of Age: Indian – Americans and the US Congress," in Ashok Kapur et al. eds., *India and the United States in a Changing World*, New Delhi: Sage Publications, 2002.

［49］Sunil Bhatia, American Karma: *Race, Culture and Identity in the Indian Diaspora*, New York: New York University Press, 2007.

［50］Binod Khadria, "India: Skilled Migration to Developed Countries, Labour Migration to the Gulf," in Stephen Castles and Raul Delgado Wise eds., *Migration and Development Perspectives from the South* , Geneva: IOM, 2008.

［51］Prema Kurien, " Who Speaks for Indian Americans? Religion, Ethnicity, and Political Formation," *American Quarterly*, Vol.59, No. 3, 2007.

［52］"Industrial security pact represents historic progression between India, US: Lockheed VP Vivek Lall," *The Economic Times*, January 09, 2020. https://economictimes.indiatimes.com/news/defence/industrial-security-pact-represents-historic-progression-between-india-us-lockheed-vp-vivek-lall/articleshow/73166684.cms?utm_source=contentofinterest&utm_medium=text&utm_campaign=cppst.

［53］Sanjeev Miglani, "Lockheed to begin supplying F-16 wings from Indian plant in 2020," September 26, 2019. https://www.reuters.com/article/us-lockheed-india-idUSKBN1WB1W5.

［54］"Indian-Americans taking over US, says Joe Biden as they keep getting key positions," *The Economic Times*, March 05, 2021. https://economictimes.indiatimes.com/nri/work/indian-americans-taking-over-us-says-joe-biden-as-they-keep-getting-key-.positions/articleshow/81341861.cms?utm_source=contentofinterest&utm_medium=text&utm_campaign=cppst.

［55］Mark Sidel, "Diaspora Philanthropy from the United States,"

Peter F. Geithner et al. eds, *Diaspora Philanthropy and Equitable Development in China and India*, Cambridge Massachusetts: Harvard University Press, 2006.

［56］Rajeev Bhattacharyya, "Calls for Fencing the India-Myanmar Border Gather Steam Again," *The Diplomat*, November 18, 2021. https://thediplomat.com/2021/11/calls-for-fencing-the-india-myanmar-border-gather-steam-again/.

［57］Devjyot Ghoshal, "India frets as Myanmar's pro-democracy fighters cross border," Reuters, June 10, 2021. https://www.reuters.com/world/asia-pacific/india-frets-myanmars-pro-democracy-fighters-cross-border-2021-06-10/.

［58］Government of India, Budget At A Glance（2022-2023）https://www.indiabudget.gov.in/doc/Budget_at_Glance/budget_at_a_glance.pdf.

［59］"Russia completing formation of two armies near border with Ukraine – intelligence," Ukrinform, November 03, 2020. https://www.ukrinform.net/rubric-defense/2888433-russia-completing-formation-of-two-armies-near-border-with-ukraine-intelligence.html.

［60］"Defense Ministry suggests striking at Russian border violators," News Russian, September 17, 2020. https://news.ru/en/weapon/defense-ministry-suggests-striking-at-russian-border-violators/.

［61］"Federal Security Service," The Russian Government, http://government.ru/en/department/113/.

［62］Proposal for a Regulation establishing an Entry/Exit System（EES）to register entry and exit data of third country nationals crossing the external borders of the Member States of the European Union, COM（2013）95 final, Brussels, February 28, 2013.

［63］"Union Home Minister launches Smart Fencing on Indo-Bangladesh border, an effective deterrence against illegal infiltration," Ministry of Home

Affairs, March 5, 2019. https://pib.gov.in/Pressreleaseshare.aspx?PRID=1567516.

［64］"CIBMS: BSF says work on hi-tech border surveillance project in progress, likely to be completed in 6-7 years," *Financial Express*, February 19, 2019. https://www.financialexpress.com/defence/cibms-bsf-says-work-on-hi-tech-border-surveillance-project-in-progress-likely-to-be-completed-in-6-7-years/1491876/.

［65］"Rajnath to launch India's first 'smart fence' project along India-Pak border tomorrow," *Times of India*, September 16, 2018. https://timesofindia.indiatimes.com/india/rajnath-to-launch-indias-first-smart-fence-project-along-india-pak-border-tomorrow/articleshow/65830264.cms.

［66］Shaurya Karanbir Gurung, "Smart fencing project along India-Bangladesh border hits rough weather," *The Economic Times*, September 17, 2018. https://economictimes.indiatimes.com/news/defence/smart-fencing-project-along-.india-bangladesh-border-hits-rough-weather/articleshow/65845957.cms?from=mdr.

［67］Rajesh Uppal, "Amid China Border Row, India has to upgrade it's smart and comprehensive fence integrated border management（CIBMS）to guard its long, difficult and porous borders," September 17, 2020. https://idstch.com/security/india-implementing-smart-and-comprehensive-integrated-border-management-cibms-to-guard-its-long-difficult-and-porous-borders/.

［68］"INDO-PAK NEWSIndia Installing Advanced 'Surveillance Systems' Along Sensitive India-Pakistan Border," *EurAsian Times*, February 19, 2019. https://eurasiantimes.com/india-installing-advanced-surveillance-systems-along-sensitive-india-pakistan-border/.

［69］Arjun G, "India deploys Smart Fencing on Indo-Bangladesh Border," Redact, March 6, 2019. https://medium.com/redact/india-deploys-smart-fencing-on-indo-bangladesh-border-a8c17793c00b.

[70] "General Studies-3; Topic- Security challenges and their management in border areas," Insights Mindmaps, February 2019. https://www. insightsonindia.com/wp-content/uploads/2019/02/Comprehensive-Integrated-Border-Management-System-CIBMS.pdf .

[71] Rahul Tripathi, "Nod for integrated tech infra along 500-km Jammu border," *The Economic Times*, Jul 16, 2021. https://economictimes. indiatimes.com/news/defence/nod-for-integrated-tech-infra-along-500-km-jammu-border/articleshow/84454336.cms.

[72] "Home Minister Amit Shah says there will be no gap in India's 7500-km-long border by 2022," The Print, July 17, 2021. https://theprint.in/india/home-minister-amit-shah-says-there-will-be-no-gap-in-indias-7500-km-long-border-by-2022/698221/.

[73] "Tata Power's border management system to fortify BSF," *The Economic Times*, July 13, 2018. https://economictimes.indiatimes.com/news/defence/tata-powers-border-management-system-to-fortify-bsf/articleshow/59253014.cms?from=mdr.

[74] "Blighter's E-scan Radar Selected by Dat-Con Defence for Indian Border Security Pilot," CISION PR Newswire, February 14, 2019, https://www.prnewswire.com/ae/news-releases/blighter-s-e-scan-radar-selected-by-dat-con-defence-for-indian-border-security-pilot-806426820.html.

[75] "Fundamentals of Smart Metering – kWh and kVArh Meters," Engineering Institute of Technology, https://www.eit.edu.au/resources/fundamentals-of-smart-metering-kwh-and-kvarh-meters/.

[76] The International Institute of Strategic Studies, The Military Balance 2017, Routledge, Chapman & Hall, Incorporated. February 14, 2017.

［77］ "Chinese helicopters spotted along Sino-India border in Eastern Ladakh," *The Economic Times*, May 12, 2020, https://economictimes. indiatimes.com/news/defence/chinese-helicopters-spotted-along-sino-india-border-in-eastern-ladakh-.sources/articleshow/75692776.cms?from=mdr.

［78］ "World Air Force 2020," Flight Global, May 4, 2020. https://www. flightglobal.com/reports/world-air-forces-2020/135665.article.